Börsenerlaubnis, Anteilseignerkontrolle und Niederlassungsfreiheit
bei der Fusion von Börsenorganisationen

Börsen- und kapitalmarktrechtliche Abhandlungen
Herausgegeben von Horst Hammen

Band 13

Horst Hammen

Börsenerlaubnis, Anteilseignerkontrolle und Niederlassungsfreiheit bei der Fusion von Börsenorganisationen

Das Projekt Gamma

Bibliografische Information der Deutschen Nationalbibliothek
Die Deutsche Nationalbibliothek verzeichnet diese Publikation
in der Deutschen Nationalbibliografie; detaillierte bibliografische
Daten sind im Internet über http://dnb.d-nb.de abrufbar.

Umschlaggestaltung:
© Olaf Glöckler, Atelier Platen, Friedberg

ISSN 1862-183X
ISBN 978-3-631-62654-2 (Print)
E-ISBN 978-3-653-02172-1 (E-Book)
DOI 10.3726/978-3-653-02172-1
© Peter Lang GmbH
Internationaler Verlag der Wissenschaften
Frankfurt am Main 2013
Alle Rechte vorbehalten.
PL Academic Research ist ein Imprint der Peter Lang GmbH.

Peter Lang – Frankfurt am Main · Bern · Bruxelles · New York ·
Oxford · Wien · Warszawa

Das Werk einschließlich aller seiner Teile ist urheberrechtlich
geschützt. Jede Verwertung außerhalb der engen Grenzen des
Urheberrechtsgesetzes ist ohne Zustimmung des Verlages
unzulässig und strafbar. Das gilt insbesondere für
Vervielfältigungen, Übersetzungen, Mikroverfilmungen und die
Einspeicherung und Verarbeitung in elektronischen Systemen.

www.peterlang.de

Vorwort

Am 15.2.2011 teilte die Deutsche Börse AG ad hoc mit, mit der NYSE (New York Stock Exchange) Euronext fusionieren zu wollen (Projekt Gamma). Dieses Vorhaben, das die fusionierten Börsen zu einem wahrhaften Global Player hätte werden lassen, stieß von Beginn an auf politische, aber auch auf aufsichtsrechtliche Vorbehalte bei der hessischen Börsenaufsichtsbehörde[1], die für die Beaufsichtigung der Frankfurter Wertpapierbörse und ihres Trägers, der Deutsche Börse AG, nach dem Börsengesetz zuständig ist. Deshalb wurde es am Finanzplatz Frankfurt auf zahlreichen politischen und juristischen Foren diskutiert. Fast ein ganzes Jahr lang hielt die geplante Fusion die Börsenwelt in Atem, bis dann die Europäische Kommission diesen Zusammenschluss im Februar 2012 aus wettbewerbsrechtlichen Gründen verbot.

Im Zusammenhang mit juristischen Diskussionen um die börsengesetzliche Zulässigkeit des seinerzeit geplanten Vorhabens[2] hat mich die Deutsche Börse AG beauftragt, die geplante Fusion aus dem Blickwinkel des Börsenrechts rechtswissenschaftlich zu begutachten. Dieses Gutachten gelangt mit dem vorliegenden Band – leicht überarbeitet und ergänzt[3] – zum Abdruck (Teil B). Dem Gutachten vorgeschaltet ist die ausgearbeitete Fassung eines am 15.2.2012 an der Pusan National University, Pusan, Korea, gehaltenen Vortrags[4] über aufsichtsrechtliche Fragen der geplant gewesenen Fusion im Allgemeinen (Teil A).

---

1   Vgl. Börsen-Zeitung v. 22.12.2011, S. 3 u.a. mit Blick auf einen aus wettbewerbsrechtlichen Bedenken der EU-Kommission resultierenden möglichen Verkauf der zur Gruppe Deutsche Börse gehörenden Terminbörse Eurex; Börsen-Zeitung v. 31.1.2012, S. 5.

2   Burgard, Die börsenrechtliche Zulässigkeit des Zusammenschlusses der Deutsche Börse AG mit der NYSE Euronext im Blick auf die Frankfurter Wertpapierbörse, Wissenschaftliches Gutachten, 2011, ungedruckt (eine gekürzte Fassung des Gutachtens ist in WM 2011, 1973 ff., WM 2011, 2021 ff. erschienen); Gurlit/Mülbert, Der Börsenträger im Spannungsfeld von Gemeinwohlauftrag und Privatinteresse, 2012; Merkt, in: Festschrift für M. Hoffmann-Becking, hrsg. von G. Krieger, M. Lutter, K. Schmidt, 2013, S. 793 ff.

3   Auf die Einarbeitung der Ausarbeitungen von Gurlit/Mülbert, Der Börsenträger im Spannungsfeld von Gemeinwohlauftrag und Privatinteresse, vom Herbst 2012, und von Merkt, in: Festschrift für M. Hoffmann-Becking, 2013, S. 793 ff. habe ich um der Authentizität meines eigenen Gutachtens willen verzichtet.

4   Eine Vortragsfassung in koreanischer Sprache ist abgedruckt in KRX [Korea Exchange] Market, 2012.3., S. 8 ff.

Inhaltsverzeichnis

Teil A: Allgemeine aufsichtsrechtliche Fragen von Börsenfusionen – Am Beispiel des gescheiterten Zusammenschlusses von Deutsche Börse AG und NYSE Euronext – ... 11

I. Einführung ... 11

II. Das Übernahmeangebot ... 13

III. Erwerbsverbote zum Schutz der öffentlichen Sicherheit und Ordnung ... 15

IV. Kreditwesengesetzliche Anteilseignerkontrolle ... 17

V. Europarechtliche Zusammenschlusskontrolle ... 19

Teil B: Börsenerlaubnis, börsenrechtliche Anteilseignerkontrolle und europarechtliche Niederlassungsfreiheit ... 23

I. Einführung ... 23

II. Keine Aufhebung der Börsenerlaubnis wegen Vorgreiflichkeit der Anteilseignerkontrolle ... 24

III. Börsenrechtliche Unbedenklichkeit des Übernahmeangebots ... 27

    1. Geschichte der börsenrechtlichen Anteilseignerkontrolle ... 27

    2. Instrumentarium der Anteilseignerkontrolle ... 29

        a. Keine Erlaubnisbedürftigkeit des Anteilserwerbs ... 29

        b. Keine Nebenbestimmungen zu einem Verwaltungsakt ... 33

        c. Exkurs: Anteilsregulierende Nebenbestimmungen zur Börsenerlaubnis ... 34

aa. Rechtswidrigkeit der Nebenbestimmung nach deutschem Verwaltungsrecht 35

   aaa. Rechtswidrigkeit der Nebenbestimmung wegen Bestehens eines Anspruchs auf Erteilung der Börsenerlaubnis 35

   bbb. Rechtswidrigkeit der Nebenbestimmung bei Fehlen eines Anspruchs auf Erteilung der Börsenerlaubnis 40

  bb. Europarechtswidrigkeit der Nebenbestimmung 44

3. Enumeration der Untersagungsgründe 47

4. Unmaßgebliche Umstände bei der Beteiligungskontrolle 49

 a. Einbindung in ein Beteiligungsgeflecht 49

 b. Bestehen eines Beherrschungsverhältnisses als solches 50

 c. Keine untersagungsrelevanten Interessenkonflikte 53

 d. Annex: Interessenkonflikte und Wettbewerb von Konzernunternehmen 55

 e. Kontrollmöglichkeiten der hessischen Börsenaufsicht 57

5. Die Untersagungsgründe gemäß § 6 Abs. 2 S. 1 BörsG 62

 a. Keine Unzuverlässigkeit des Anteilserwerbers oder seiner gesetzlichen Vertreter nach § 6 Abs. 2 S. 1 Nr. 1 BörsG 62

 b. Keine konkrete Gefahr einer Beeinträchtigung der Durchführung und einer angemessenen Fortentwicklung des Börsenbetriebs 67

  aa. Ordnungspolitische Einordnung der Vorschrift in § 6 Abs. 2 S. 1 Nr. 2 BörsG 67

  bb. Keine Beeinträchtigung des Börsenbetriebs 73

cc. Unmaßgeblichkeit nachteiliger Weisungen
aufgrund eines Beherrschungsvertrags 74

dd. Keine rechtserheblichen Gefahren für den
Börsenbetrieb durch einen Gewinnabführungs-
vertrag 77

ee. Keine Untersagung wegen Fehlens ausreichender
finanzieller Mittel für eine ordnungsgemäße
Durchführung des Börsenbetriebs 80

ff. Konfliktminimierende Nebenbestimmungen 83

gg. Anteilseignerkontrollrechtliche Unerheblichkeit
eines Wechsels des Handelssystems 85

hh. „Tatsachen"basierte Entscheidung der
Börsenaufsichtsbehörde 87

IV. Beherrschung, Demokratieprinzip und europarechtliche
Niederlassungsfreiheit 92

1. Problemstellung 92

2. Der Börsenträger als vom Bundesland beauftragter
Anstaltsträger 93

3. Beherrschungsvertrag und Demokratieprinzip 99

4. Demokratieprinzip und Niederlassungsfreiheit 103

a. Beherrschungsvertrag und Niederlassungsfreiheit 103

b. Ausübung öffentlicher Gewalt gemäß Art. 51 AEUV 107

c. Schlichthoheitliches bzw. lediglich vorbereitendes
Handeln des Börsenträgers 109

V. Zusammenfassung 113

Schriftenverzeichnis 117

A. Allgemeine aufsichtsrechtliche Fragen von Börsenfusionen - Am Beispiel des gescheiterten Zusammenschluss von Deutsche Börse AG und NYSE Euronext -

I. Einführung

Das Jahr 2011 hat weltweit eine Welle von Versuchen gesehen, große Börsen zu fusionieren. Im ersten Quartal 2011 hat die Singapore Exchange versucht, die Australian Securities Exchange (ASX) zu übernehmen. Bis in den Sommer 2011 hinein verfolgte die London Stock Exchange (LSE) den Plan, eine Mehrheitsbeteiligung an der kanadischen TMX-Gruppe zu erwerben, zu der die Börse Toronto gehört. Und im November 2011 haben sich die Tokyo Stock Exchange (TSE) und die Osaka Securities Exchange (OSE) auf einen Zusammenschluss geeinigt.[5] Im Mittelpunkt der vorliegenden Abhandlung soll aber das im Februar 2012 aufgegebene Vorhaben stehen, die Deutsche Börse AG und die NYSE (New York Stock Exchange) Euronext Inc. zu fusionieren (Projekt Gamma), das am 9.2.2011 öffentlich bekannt geworden war.

Fusionsbemühungen von Börsen sind keineswegs eine neue Erscheinung unserer Tage. Vielmehr verzeichnen wir Börsenzusammenschlüsse und Übernahmen von Börsen auf nationaler wie auf internationaler Ebene in vielfältigen Formen schon seit geraumer Zeit. Erinnert sei hier nur an die Zusammenschlüsse der amerikanischen NASDAQ mit dem nordeuropäischen Börsenbündnis OMX, der LSE mit der Borsa Italiana, der NYSE mit Euronext und an die Übernahme der International Securities Exchange (ISE) durch die Deutsche Börse AG.[6]

Die derzeit zu beobachtende auffällige Häufung von Fusionsvorhaben unter den nationalen Großbörsen ist nicht zuletzt einem veränderten regulatorischen Umfeld in Europa geschuldet. Bis zum Jahre 2007 hatte das Kapitalmarktrecht vieler Staaten den Börsen eine monopolähnliche Stellung verschafft. Wertpapierorders waren nämlich nach der seinerzeitigen Rechtslage zwingend oder doch jedenfalls vorrangig über die etablierten Börsen auszuführen. Diese

---

5   Börsen-Zeitung v. 23.11.2011, S. 5.
6   Zu Börsenkooperationen aus dem juristischen Schrifttum Francioni, Der Konzern 2008, 260; Roger Müller, Der Konzern 2008, 263; Hammen, Der Konzern 2008, 269; Christoph, Börsenkooperationen und Börsenfusionen, 2007; Lepczyk, Rechtliche Aspekte internationaler Börsenfusionen, 2009; Bopp, Fusionen und Kooperationen deutscher Börsen und ihrer Träger (erscheint demnächst).

Rechtslage verhinderte vielfach den erfolgreichen Markteintritt alternativer Handelsplattformen, die mit den „nationalen Champions" in Wettbewerb hätten treten können. Die Verhältnisse änderten sich in Europa dramatisch, als die EU-Kommission beschloss, den Markt für Märkte für Finanzinstrumente für einen uneingeschränkten Wettbewerb der Marktplätze untereinander um den Orderflow zu öffnen,[7] und zu diesem Zweck den Börsenvorrang beseitigte. Binnen kurzer Zeit gewannen alternative Handelssysteme, allen voran Chi X, BATS[8] und Turquoise,[9] erhebliche Marktanteile.[10] Mittlerweile ist Chi X der größte Handelsplatz für Aktien in Europa.[11] Die traditionellen Börsen haben auf diese Entwicklung mit den einleitend geschilderten Fusionsbemühungen reagiert. Ziel des von der Deutsche Börse AG und NYSE Euronext versuchten Zusammenschlusses war es nicht nur, einen der weltweit größten Börsenplätze und eine globale Handelsplattform für Derivate zu schaffen. Vielmehr sollten auch Synergien durch Zusammenlegung von elektronischen Systemen erzielt werden.[12] Den Handelsteilnehmern wurden reduzierte Infrastruktur- und Systemanbindungskosten sowie Kapitaleffizienzen in erheblicher Höhe durch die Möglichkeit in Aussicht gestellt, Risikopositionen miteinander zu verrechnen.[13]

Die Deutsche Börse AG ist der Träger der Frankfurter Wertpapierbörse (FWB). Sie ist selbst an der FWB börsennotiert. Ihre Aktien befinden sich überwiegend im Streubesitz. Einige wenige Aktionäre, sämtlich institutionelle Investoren, hielten im Jahre 2011 mehr als 3 % der Aktien. Die von der Deutsche Börse AG und NYSE Euronext geplant gewesene Fusion (Projekt Gamma) begann mit der Gründung der Alpha Beta Netherlands Holding N.V., einer Aktiengesellschaft niederländischen Rechts mit Satzungssitz in den Niederlanden, durch eine Stiftung niederländischen Rechts.[14] Diese Holding N.V. sollte als

---

7   In der Europäischen Union gab es im Jahre 2011 92 regulated markets, meist traditionelle Börsen, 138 Multilateral Trading Facilities und 12 Systematische Internalisierer (Steinbach, Börsen-Zeitung v. 4.6.2011, S. B 6).
8   Seit Februar 2011 betrieb BATS eine Übernahme von Chi X (Börsen-Zeitung v. 21.6.2011, S. 5).
9   Turquoise gehört mittlerweile zur LSE-Gruppe.
10 Hammen, Börsen und multilaterale Handelssysteme im Wettbewerb, 2011, S. 19 ff.
11 Mohr, Frankfurter Allgemeine Zeitung v. 2.12.2011, S. 21.
12 Angebotsunterlage, Freiwilliges öffentliches Übernahmeangebot (Tauschangebot) der Alpha Beta Netherlands Holding N.V. an die Aktionäre der Deutsche Börse Aktiengesellschaft (zit.: Angebotsunterlage), S. 47 f.
13 Börsen-Zeitung v. 15.11.2011, S. 3.
14 Eine solche Holdingkonstruktion mit einer niederländischen Aktiengesellschaft als Konzernobergesellschaft war auch für den in den Jahren 2005/2006 vorgeschlagenen, dann aber doch nicht zustande gekommenen Zusammenschluss der Deutsche Börse AG

Holdinggesellschaft für die Gruppe Deutsche Börse, die NYSE Euronext und deren verbundene Unternehmen fungieren. Zwischen der Holding N.V. und der Deutsche Börse AG sollte ein Beherrschungs- und Gewinnabführungsvertrag geschlossen werden. Die Holding N.V. sollte ihre Hauptverwaltung in Frankfurt und New York unterhalten. Chairman der Holding N.V. sollte der im Jahre 2011 amtierende Vorstandsvorsitzende der Deutsche Börse AG werden. Chief Executive Officer der Holding N.V. sollte der damals amtierende Chief Executive Officer der NYSE Euronext Inc. werden. Ihre Aktien sollten an der New York Stock Exchange, an der Frankfurter Wertpapierbörse und an Euronext Paris gelistet werden. Die Frankfurter Wertpapierbörse war – abgesehen davon, dass ihr Börsenrat zu dem Fusionsabkommen Stellung nehmen konnte[15] – mit der Fusion nicht selbst befasst. In der vorliegenden Abhandlung wird die geplant gewesene Holdingstruktur dieser Börsengruppe nur insoweit behandelt, als sie die Beteiligung der Holding N.V. an der Deutsche Börse AG betraf.

II. Das Übernahmeangebot

Nach Maßgabe des zwischen den Beteiligten geschlossenen Business Combination Agreements hat die Holding N.V. den Aktionären der Deutsche Börse AG ein Übernahmeangebot unterbreitet. Zum Zweck der Holdingbildung hatte die Holding N.V. dabei eine Sachkapitalerhöhung durchgeführt. Unter Ausschluss des Bezugsrechts des Altaktionärs waren den Aktionären der Deutsche Börse AG 60 % der Aktien der Holding N.V. gegen Einlage der Aktien der Deutsche Börse AG angeboten worden. Durch diesen Tausch wollte die niederländische Holding N.V. mindestens 75 % der Anteile an der Deutsche Börse AG erhalten. Ein solches öffentliches Angebot, das auf den Erwerb von mehr als 30 % der Stimmrechte an einer börsennotierten Zielgesellschaft gerichtet ist, ist nach deutschem Recht ein Übernahmeangebot (§ 29 WpÜG). Hierfür hatte die Holding N.V. eine Angebotsunterlage zu erstellen und zu veröffentlichen (§ 11 WpÜG). Die Veröffentlichung einer Angebotsunterlage muss vorab von der Bundesanstalt für Finanzdienstleistungsaufsicht (BaFin) gestattet werden (§ 14 Abs. 2 WpÜG). Die BaFin hat die Veröffentlichung der Angebotsunterlage der

---

mit Euronext vorgesehen (Christoph, Börsenkooperationen und Börsenfusionen, S. 365). Zu den bei der Ausgestaltung eines derartigen Mergers anzustellenden Überlegungen vgl. Roger Müller, Der Konzern 2008, 263, 266.
15 In seinen Sitzungen vom 17.2.2011 und vom 6.10.2011 hat sich der Börsenrat der FWB grundsätzlich für die geplante Fusion von Deutscher Börse und NYSE Euronext ausgesprochen (Börsen-Zeitung v. 18.2.2011, S. 3 und v. 7.10.2011, S. 5).

Holding N.V. im Mai 2011 gestattet. Am Ende der dann angelaufenen Annahmefrist hatten 82,43 % der Stimmrechte der Deutsche Börse AG das Übernahmeangebot angenommen. Nach deutschem Übernahmerecht können die Aktionäre der Zielgesellschaft, die ein Angebot bis zum Ende der Angebotsfrist noch nicht angenommen haben, dieses Angebot innerhalb von zwei Wochen nach Veröffentlichung des Ergebnisses des Angebots durch den Bieter doch noch annehmen (§ 16 Abs. 2 S. 1 WpÜG).[16] Diese Regelung soll es Minderheitsaktionären, denen ein koordiniertes Verhalten bei der Entscheidung über das Übernahmeangebot faktisch unmöglich ist und die der Übernahme zunächst kritisch gegenüberstehen, ermöglichen, den Verlauf der Übernahme abzuwarten, bevor sie in Kenntnis der neuen Anteilsverteilung doch noch dem Bieter veräußern dürfen, um nicht in der Position eines Minderheitsgesellschafters verharren zu müssen.[17] Am Ende der weiteren Annahmefrist hatten insgesamt 95,41 % des Grundkapitals der Deutsche Börse AG das Angebot der Holding N.V. angenommen.

An die geschilderte Annahmefrist schließt sich noch einmal eine Frist von drei Monaten an, während derer die verbliebenen Aktionäre der Zielgesellschaft das Übernahmeangebot annehmen können, wenn dem Bieter nach dem Übernahmeangebot Aktien der Zielgesellschaft in Höhe von mindestens 95 % des stimmberechtigten Grundkapitals gehören (§ 39 c WpÜG). Hierdurch soll den Minderheitsaktionären die Möglichkeit gegeben werden, freiwillig gegen eine angemessene Entschädigung aus der vom Bieter beherrschten Zielgesellschaft auszuscheiden.[18] Von diesem Andienungsrecht haben weitere 1,63 % der Aktionäre Gebrauch gemacht. Damit belief sich die Annahmequote am 4.11.2011 auf 97,04 % der Gesamtsumme der Deutsche Börse-Aktien. Das Business Combination Agreement der Deutsche Börse AG und der NYSE Euronext erlaubte einen squeeze out.

Nach dem deutschen Übernahmerecht kann ein Übernahmeangebot vom Eintritt bestimmter Bedingungen abhängig gemacht werden (vgl. § 18 Abs. 1 WpÜG). Hiervon hatte die Holding N.V. Gebrauch gemacht. Zu bedenken war nämlich, dass mit dem geplanten Zusammenschluss von Deutscher Börse und NYSE Euronext weltweit 47 verschiedene Behörden befasst waren.[19] Deshalb stand das Tauschangebot, das die Holding N.V. den Aktionären der Deutsche

---

16 Wenn der Bieter das Angebot von dem Erwerb eines Mindestanteils abhängig gemacht hat, gilt dies aber nur, wenn dieser Mindestanteil nach Ablauf der Annahmefrist erreicht worden ist (§ 16 Abs. 2 S. 2 WpÜG).
17 BT-Drucks. 14/7034, S. 46; Ehricke/Ekkenga/Oechsler, WpÜG, 2003, § 16 Rn. 8.
18 KölnerKomm. WpÜG/Hasselbach, 2. Aufl. 2010, § 39 c Rn. 1.
19 Börsen-Zeitung v. 15.6.2011, S. 5.

15

Börse AG unterbreitet hatte, unter der Bedingung der Erteilung einer Reihe staatlicher Genehmigungen.[20] Aus dem Kreis der Genehmigungen und Verfahren, die für das Gelingen der Fusion erforderlich gewesen wären, sollen im Folgenden in einem kurzen Überblick behandelt werden:

- die Prüfung von Erwerbsverboten zum Schutz der öffentlichen Sicherheit und Ordnung,
- das kreditwesengesetzliche Beteiligungskontrollverfahren nach § 2 c des deutschen Kreditwesengesetzes (KWG) und
- das europäische Fusionskontrollverfahren.

Die börsengesetzliche Anteilseignerkontrolle nach § 6 des deutschen Börsengesetzes (BörsG) wird dann in Teil B der vorliegenden Abhandlung umfassend gesondert erörtert.

III. Erwerbsverbote zum Schutz der öffentlichen Sicherheit und Ordnung

Grenzüberschreitende Fusionsvorhaben werden häufig von den für die Wahrung der nationalen Interessen zuständigen Behörden geprüft. So war etwa der kanadische Finanzminister auf der Grundlage des Investment Canada Act mit der geplanten Übernahme der TMX durch die LSE befasst.[21] Zu einer Entscheidung ist es seinerzeit aber nicht gekommen, weil die TMX-Aktionäre einer konkurrierenden Offerte der kanadischen Maple-Gruppe, einem Konsortium führender Banken, Pensionsfonds, institutioneller Investoren und Versicherungsunternehmen, den Vorzug gegeben haben.

Die Kontrolle von Investitionen aus dem Ausland ist in den Staaten auf dieser Welt unterschiedlich stark ausgeprägt. Die Übernahme der ASX durch die Singapore Exchange ist am Veto der australischen Regierung gescheitert. In Australien gilt seit 1975 der Foreign Acquisitions and Takeovers Act, der die Regierung zur Prüfung der Frage verpflichtet, ob eine beabsichtigte Akquisition eines Investors aus einem anderen Staat mit den nationalen Interessen Australiens übereinstimmt.[22] Die Regierung begründete ihre Entscheidung, die Übernahme der ASX zu untersagen, mit der Erwartung, der Takeover hätte

---

20 Angebotsunterlage 12.10., 14.1, S. 74, 90.
21 Börsen-Zeitung v. 27.5.2011, S. 5.
22 Hammen WM 2010, 1, 6.

möglicherweise Arbeitsplätze und Kapital nach Singapur bewegt und sei überdies geeignet gewesen, die finanzielle Stabilität Australiens zu bedrohen.[23] Ganz so weit wie in Australien reichen die Eingriffsbefugnisse der US-amerikanischen Behörden nicht. Der geplant gewesene Zusammenschluss von Deutsche Börse AG und NYSE Euronext ist von dem Committee on Foreign Investment in the United States nach Sec. 721 des US-Defense Protection Act aus dem Jahre 1950 überprüft worden. Der Präsident der Vereinigten Staaten kann auf Empfehlung des Committee Zusammenschlüsse nach Maßgabe des Exon-Florio-Amendment zum Defence Protection Act untersagen, wenn der ausländische Erwerber durch Ausübung der Kontrolle über das erworbene Unternehmen Maßnahmen ergreifen könnte, die eine potenzielle Gefährdung der nationalen Sicherheit der Vereinigten Staaten darstellen könnten, und andere gesetzliche Vorschriften keine ausreichende Grundlage für den Schutz der nationalen Sicherheit bieten.[24] Im August 2011 hat das Committee den Zusammenschluss von Deutscher Börse und NYSE Euronext gebilligt.

Auch in Deutschland gibt es eine Kontrolle des Erwerbs von Beteiligungen von mindestens 25 % an inländischen Unternehmen durch das Bundeswirtschaftsministerium bzw. durch die Bundesregierung (§ 7 Abs. 2 Nr. 6 des deutschen Außenwirtschaftsgesetzes [AWG] in Verbindung mit § 53 der deutschen Außenwirtschaftsverordnung).[25] Freilich kommt eine Untersagungsverfügung nur gegenüber Erwerbern in Betracht, die nicht in der EU oder in den Mitgliedstaaten der European Free Trade Association (EFTA) ansässig sind (§ 7 Abs. 2 Nr. 6 AWG).[26] Zudem ist eine solche Verfügung nur zulässig, wenn von dem Erwerb eine so schwere Gefährdung der öffentlichen Sicherheit und Ordnung der Bundesrepublik Deutschland ausgeht, dass ein Grundinteresse der Gesellschaft berührt wird (§ 7 Abs. 1 Nr. 4, Abs. 2 Nr. 6 AWG). Dabei folgt aus dem Zusammenwirken der in § 7 Abs. 1 Nr. 4 AWG in Bezug genommenen Bestimmungen in Art. 52, 65 Abs. 1 des Vertrages über die Arbeitsweise der Europäischen Union (AEUV) mit den Vorschriften in Art. 36 S. 1, 114 Abs. 10 AEUV, dass das Bundeswirtschaftsministerium gegen einen Beteiligungserwerb nur Gründe nichtwirtschaftlicher Art ins Feld führen darf.[27] Da nun aber der Zusammenschluss von Deutscher Börse und NYSE Euronext von einer niederlän-

---

23 Börsen-Zeitung v. 9.4.2011, S. 4.
24 Angebotsunterlage S. 14, 77.
25 Zur Entstehung dieser Regelung vgl. Hammen WM 2010, 1, 6; ferner Reinhardt/Pelster NZG 2009, 441.
26 Hierzu Clostermeyer, Staatliche Übernahmeabwehr und die Kapitalverkehrsfreiheit zu Drittstaaten, 2011.
27 Hammen WM 2010, 1, 7; ders. EuZW 1996, 460, 461.

dischen Gesellschaft mit Sitz in den Niederlanden, also in der EU, betrieben worden war, besaß die deutsche Regierung von vorneherein keine Handhabe, die Fusion auf der Grundlage des Außenwirtschaftsgesetzes zu verbieten.

IV. Kreditwesengesetzliche Anteilseignerkontrolle

Diese Feststellung bedeutet indes keineswegs, dass eine Übernahme der Deutsche Börse AG durch die Holding N.V. vollständig kontrollfrei möglich gewesen wäre. Vielmehr sieht das europäische Recht eine Kontrolle des Erwerbs bedeutender Beteiligungen sowohl an Kreditinstituten als auch an Wertpapierfirmen vor.[28] In Deutschland wird diese Kontrolle durch die Bundesanstalt für Finanzdienstleistungsaufsicht durchgeführt. Obgleich bei der geplant gewesenen Fusion von Deutscher Börse und NYSE Euronext der Zusammenschluss von *Börsen* im Vordergrund stand, war die vorstehend angeführte Anteilseignerkontrolle unumgänglich. Denn zur Gruppe Deutsche Börse gehören eben nicht nur Börsen, sondern auch Kreditinstitute, allen voran der Wertpapierverwahrer Clearstream, die Eurex Clearing AG als Central Counterparty (§ 1 Abs. 1 S. 2 Nr. 12 KWG) und einige außerbörsliche Handelsplattformen, Eurex Repo GmbH und Eurex Bonds GmbH, die als multilaterale Handelssysteme Wertpapierfirmen sind (§ 1 Abs. 1 a S. 2 Nr. 1 b. KWG).[29] An diesen Instituten sollte die Holding N.V. zwar lediglich mittelbar – nämlich über ihren Anteil an der Deutsche Börse AG – beteiligt sein. Das genügt indes, um die Anteilseignerkontrolle nach § 2 c KWG auszulösen (§ 1 Abs. 9 S. 1 KWG). Nach § 2 c Abs. 1 a S. 1 KWG prüft die Aufsichtsbehörde, ob der interessierte Erwerber zuverlässig ist und den im Interesse einer soliden Führung des Instituts zu stellenden Ansprüchen genügt. Ferner untersucht die Behörde, ob die Struktur des Beteiligungsgeflechts, in das das Institut eingebunden werden soll, eine wirksame Aufsicht gewährleistet. Von der nach § 2 c KWG bestehenden Befugnis, einen geplanten Anteilserwerb zu untersagen, hat die BaFin schon mehrfach erfolgreich Gebrauch gemacht.[30] Im Jahre 2006 hat sie ukrainischen Investoren den Erwerb von Anteilen an einem kleineren deutschen Kreditinstitut verboten, weil die interessierten Erwerber nicht dokumentieren konnten, woher die Mittel für den Erwerb stammten, sondern sich auf mündliche Gentlemen's Agreements berie-

---

28 Art. 19 ff. Bankenaufsichtsrichtlinie 2006/48/EG, Art. 10 ff. Richtlinie 2004/39/EG über Märkte für Finanzinstrumente.
29 Vgl. Angebotsunterlage, S. 92.
30 Bundesaufsichtsamt für das Kreditwesen, Geschäftsbericht 2000, S. 61; Hammen, The Korean Journal of Securities Law, Vol. 10 No. 2 (2009), S. 471, 486.

fen.[31] Im April 2011 scheiterte der Verkauf der BHF-Bank durch die Deutsche Bank an die Liechtensteiner Fürstenbank LTG an Zweifeln an der Zuverlässigkeit der LTG in Steuerfragen.[32] Und im Oktober 2011 hat die BaFin den Verkauf der BHF-Bank an den Finanzinvestor RHJI gestoppt, weil sie bei diesem Investor keine ausreichende finanzielle Basis sah, die BHF bei einer eventuellen Schieflage mit Kapital versorgen zu können.[33]

Alles dieses spielte bei der kreditwesengesetzlichen Anteilseignerkontrolle der Fusion von Deutscher Börse und NYSE Euronext keine Rolle. Die geschäftsleitenden Personen der Holding N.V. – der eine Head of Financial Accounting and Controlling bei der Deutsche Börse AG, der andere Senior Vice President, Chief Accounting Officer und Corporate Controller bei der NYSE Euronext[34] – waren hochrangige Mitarbeiter der beiden Börsen von tadellosem Ruf.[35] Auch die Herkunft der Mittel für die Übernahme der Deutsche Börse AG durch die Holding N.V. lag offen zu Tage. Die Aktien, die die Holding N.V. den Aktionären zum Tausch angeboten hatte, waren von ihr im Zuge einer Kapitalerhöhung gegen Sacheinlagen, nämlich gegen Einlage von Aktien der Deutsche Börse AG ausgegeben worden. Damit schied ein Mittelzufluss aus dunklen Quellen von vorneherein aus. Schließlich stand die Holding N.V. auch nicht in einem Beteiligungsgeflecht, dessen Struktur eine wirksame Aufsicht hätte behindern können. Vielmehr sollte sie als Konzernspitze eine unmittelbar der Deutsche Börse AG übergeordnete Holdinggesellschaft sein, deren Aktien sich nach erfolgreicher Übernahme der Deutsche Börse AG ebenso sehr in Streubesitz befunden hätten, wie dies vor der Übernahme auch bei der Deutsche Börse AG der Fall gewesen ist. Deshalb hat die BaFin im September 2011 den Zusammenschluss von Deutsche Börse AG und NYSE Euronext, soweit er sich auf die zur Gruppe Deutsche Börse gehörenden deutschen Bank- und Finanzdienstleistungsinstitute bezog, gebilligt. Im Oktober 2011 folgte die Billigung der luxemburgischen Commission de Surveillance du Secteur Financier für die in Luxemburg ansässigen Teile von Clearstream.

---

31 VGH Kassel WM 2011, 33; Hammen, The Korean Journal of Securities Law, Vol. 10 No. 2 (2009), S. 471, 487; ders. WuB I L 1. § 2 c KWG 1.08; ders. WuB I L 1. § 2 c KWG 1.11.
32 Frankfurter Allgemeine Zeitung v. 19.4.2011, S. 9.
33 Financial Times Deutschland v. 10.10.2011, S. 15.
34 Angebotsunterlage, S. 28.
35 In diesem Zusammenhang ist ergänzend darauf zu verweisen, dass bei der Gründung einer niederländischen Aktiengesellschaft deren Gründer einer behördlichen Unbedenklichkeitsprüfung durch den niederländischen Justizminister unterzogen werden (van der Grinten/Gitmans, in: Jura Europae, Gesellschaftsrecht, Bd. III, Niederlande, 60.00·5).

V. Europarechtliche Zusammenschlusskontrolle

Die angestrebte Fusion von Deutscher Börse und NYSE Euronext hätte das Börsenbündnis zur größten Börsenorganisation der Welt werden lassen. Sie hätte die höchste eigene Marktkapitalisierung vor der Hongkong Exchange und der US-amerikanischen Terminbörse CME besessen. Die Marktkapitalisierung der an ihr gelisteten Unternehmen wäre viermal so hoch gewesen wie diejenige bei ihren stärksten Wettbewerbern, der NASDAQ OMX und der LSE. Sie hätte das größte Handelsvolumen mit Aktien vor der NASDAQ OMX und der Tokio Stock Exchange besessen. Und sie wäre gemessen an der Zahl der gehandelten Kontrakte die größte Terminbörse der Welt vor der Korea Exchange und der CME Group gewesen.[36] Insbesondere die Marktmacht der neuen Börsenorganisation im Wettbewerb der Terminmärkte hätte erheblich zugenommen.

Zuwachs von Marktmacht durch Unternehmenszusammenschlüsse löst überall auf der Welt staatliche Fusionskontrollverfahren aus. Das musste beispielsweise der härteste Wettbewerber der NYSE in den USA, NASDAQ OMX, im Frühjahr 2011 erleben. NASDAQ OMX hatte im Zusammenwirken mit der Intercontinental Exchange (ICE) zur Abwehr der Fusion von Deutscher Börse und NYSE Euronext ein feindliches Übernahmeangebot an die Aktionäre der NYSE Euronext vorbereitet. Dieses Angebot wurde dann aber nicht mehr weiterverfolgt, weil das US-Justizministerium kartellrechtliche Bedenken geäußert haben soll. Befürchtet wurde offenbar, es entstünde ein Monopolist für Börsenlistings in den USA.[37]

Demgegenüber ist die kartellrechtliche Prüfung der Fusion von Deutscher Börse und NYSE Euronext durch das US-Justizministerium recht unproblematisch verlaufen. Ende Dezember 2011 hat das amerikanische Justizministerium den Zusammenschluss unter der Auflage genehmigt, dass die Deutsche Börse AG ihren Anteil von 31,5 % an der viertgrößten amerikanischen Handelsplattform, Direct Edge, veräußert.[38] Ganz anders entwickelte sich die Fusionskontrolle dieses Zusammenschlusses durch die EU-Kommission. Die EU-rechtliche Zusammenschlusskontrolle findet nach Maßgabe der Verordnung (EG) Nr. 139/2004 über die Kontrolle von Unternehmenszusammenschlüssen statt. Nach Art. 2 Abs. 3 der Fusionskontrollverordnung kann die EU-Kommission einen Zusammenschluss für mit dem Gemeinsamen Markt unvereinbar erklären, wenn der Zusammenschluss, insbesondere durch die Begründung einer beherrschen-

---

36 Mohr, Frankfurter Allgemeine Zeitung v. 2.12.2011, S. 21.
37 Börsen-Zeitung v. 17.5.2011, S. 3.
38 Börsen-Zeitung v. 23.12.2011, S. 3.

den Stellung, einen wirksamen Wettbewerb im Gemeinsamen Markt erheblich behindert.

Bei der Bestimmung des relevanten Marktes hat die EU-Kommission zwei wesentliche Einschränkungen vorgenommen. Die Fusionsbörsen hatten vorgetragen, der Markt im Derivatehandel sei global, weil es unter anderem der technische Fortschritt den Händlern erlaube, unabhängig von ihrem Standort an allen Derivatebörsen der Welt zu handeln.[39] Für diese Argumentation spricht viel. Wie globalisiert der Derivatehandel mittlerweile ist, zeigt etwa auch der Umstand, dass im Rahmen einer Kooperation der Eurex und der Korean Exchange seit August 2010 an der Eurex in großem Umfang Daily Futures auf die KOSPI 200-Optionen, die an der Korea Exchange notiert sind, weltweit außerhalb der koreanischen Handelszeiten gehandelt werden. Hätte sich jene Argumentation durchgesetzt, wäre das neue Börsenbündnis weit von einer marktbeherrschenden Stellung entfernt gewesen. Demgegenüber beharrte die EU-Kommission darauf, nur den europäischen Markt für Derivate als für ihre wettbewerbsrechtliche Prüfung relevanten Markt zu betrachten.[40]

Für sich alleine genommen hätte die Einengung auf den europäischen Derivatemarkt die fusionierten Börsen nun aber freilich keineswegs zum Monopolisten auf dem Terminmarkt werden lassen. Betrachtet man nämlich den gesamten börslichen und außerbörslichen Derivatemarkt in Europa, kamen die NYSE Liffe und die Deutsche Börse/Eurex lediglich auf einen Marktanteil von 15 – 20 %. Demgegenüber finden mehr als 80 % des Derivatehandels im außerbörslichen Over-the-Counter-Handel (OTC) statt.[41] Freilich half diese Wettbewerbssituation den fusionierten Börsen nichts. Denn die EU-Kommission hat sich nicht davon abbringen lassen, bei ihrer kartellrechtlichen Entscheidung nur auf den *börslichen* Terminhandel abzustellen, in dem der Marktanteil von NYSE Euronext Liffe und Deutsche Börse Eurex zusammengenommen mehr als 95 % betrug.[42] Die EU-Kommission war der Meinung, der derzeit bestehende Wettbewerb zwischen Liffe und Eurex werde durch die Fusion beseitigt, was zu höheren Börsengebühren und weniger Innovation führen könne. Außerdem seien die Markteintrittsbarrieren im europäischen Derivatehandel so hoch, dass ein wirksamer Wettbewerb durch neue Marktbetreiber unwahrscheinlich sei. Deshalb – so die Schlussfolgerung der EU-Kommission – beeinträchtige die vorgeschlagene Fusion einen wirkungsvollen Wettbewerb im europäischen Binnen-

---

39 Börsen-Zeitung v. 15.11.2011, S. 3.
40 Kalbhenn, Börsen-Zeitung v. 9.12.2011, S. 8.
41 Börsen-Zeitung v. 15.11.2011, S. 3; Kalbhenn, Börsen-Zeitung v. 19.10.2011. S. 8.
42 Kalbhenn, Börsen-Zeitung v. 9.12.2011, S. 8; ders., Börsen-Zeitung v. 19.10.2011, S. 8.

markt erheblich.[43] Am 1.2.2012 hat sie die Fusion endgültig untersagt. Gegen diese Entscheidung hat zwar die Deutsche Börse Klage erhoben.[44] Die Klage konnte indes das Scheitern der Fusion nicht verhindern. Daraufhin ist das Anteilseignerkontrollverfahren bei der hessischen Börsenaufsichtsbehörde am 3.2.2012 durch Zurückziehen der Fusionsanzeige durch die beiden Börsenunternehmen erledigt worden.[45]

---

43   Kalbhenn, Börsen-Zeitung v. 9.12.2011, S. 8.
44   Börsen-Zeitung v. 20.3.2012, S. 3.
45   Börsen-Zeitung v. 4.2.2012, S. 3.

B. Börsenerlaubnis, börsenrechtliche Anteilseignerkontrolle und europarechtliche Niederlassungsfreiheit

I. Einführung

Alle auf den Träger einer Börse bezogenen, im Zusammenhang mit Fusionsvorhaben des Trägers stehenden börsengesetzlichen Kontroll- und Eingriffsbefugnisse stehen – sieht man einmal von der dem Börsenrat zu gewährenden Gelegenheit zur Stellungnahme zu Kooperations- und Fusionsabkommen des Börsenträgers (§ 12 Abs. 2 S. 4 BörsG) ab[46] – der Börsenaufsichtsbehörde als oberster Landesbehörde zu (§ 3 Abs. 1 S. 1 u. S. 2 BörsG). Im sachlichen Zusammenhang mit der seitens der Deutsche Börse AG und der NYSE Euronext Inc. geplant gewesenen Fusion sind zwei dieser börsenaufsichtsrechtlichen Instrumente zu beleuchten: Es ist erstens vorab kurz zu fragen, ob mit Blick auf einen abstrakt möglichen nachteiligen Einfluss eines interessierten Erwerbers einer bedeutenden Beteiligung an dem Träger einer Börse auf diesen Träger eine Aufhebung der Erlaubnis zum Betrieb der betreffenden Börse durch die Börsenaufsichtsbehörde gemäß § 4 Abs. 5 S. 1 Nr. 2 BörsG in Betracht zu ziehen ist (unten II.). Und es ist zweitens breit auszuleuchten, ob die Börsenaufsichtsbehörde die seinerzeit geplante Beteiligung der im Zuge des genannten Fusionsabkommens gegründeten niederländischen Holdinggesellschaft an der Deutsche Börse AG nach § 6 Abs. 2 S. 1 BörsG hätte untersagen können (unten III.); dabei wird in einem Exkurs untersucht, ob es zulässig ist, eine Börsenerlaubnis mit einer Nebenbestimmung – etwa betreffend die Anteilseignerstruktur des Börsenträgers – zu versehen. Abschließend ist zu prüfen, wie sich ein Beherrschungsvertrag zwischen der Holding N.V. und der Deutsche Börse AG vor dem Hintergrund der europäischen Niederlassungsfreiheit zu dem Prinzip demokratischer Legitimation eines beliehenen Anstaltsträgers verhalten hätte (unten IV.).

---

46   Der Börsenrat der Frankfurter Wertpapierbörse hat sich am 17.2.2011 und am 6.10.2011 grundsätzlich für den vereinbarten Zusammenschluss von Deutscher Börse und NYSE Euronext ausgesprochen (Börsen-Zeitung v. 18.2.2011, S. 3 und v. 7.10.2011, S. 5).

II. Keine Aufhebung der Börsenerlaubnis wegen Vorgreiflichkeit der Anteilseignerkontrolle

Nach § 4 Abs. 5 S. 1 Nr. 2 BörsG kann die Börsenaufsichtsbehörde die einem Börsenträger nach § 4 Abs. 1 BörsG erteilte Erlaubnis zum Betrieb einer Börse aufheben, wenn ihr Tatsachen bekannt werden, welche gemäß § 4 Abs. 3 BörsG die Versagung einer Erlaubnis rechtfertigen würden. Nach § 4 Abs. 3 Nr. 3 BörsG – der einzigen Alternative in diesem Absatz, die Eigentümer des Trägers betrifft – ist die Erlaubnis zu versagen, wenn der Inhaber einer bedeutenden Beteiligung nicht zuverlässig ist oder aus anderen Gründen nicht den im Interesse einer soliden und umsichtigen Führung des Trägers einer Börse zu stellenden Ansprüchen genügt. Die Bestimmung setzt losgelöst von den weiteren Einzelheiten ihres gesetzlichen Tatbestands ihrem Wortlaut nach voraus, dass der Unzuverlässige bereits Anteilsinhaber ist. Dies gilt deshalb auch im Anwendungsbereich von § 4 Abs. 5 S. 1 Nr. 2 BörsG. Die letztgenannte Vorschrift betrifft mithin einen geplanten, noch ausstehenden Anteilserwerb *nach* Erteilung der Börsengenehmigung gar nicht. Hierauf darf sie auch keinesfalls etwa im Wege erweiternder Auslegung ausgedehnt werden. Solange der potentielle Investor den betreffenden Anteil nicht erworben hat, kann von ihm keine Gefahr für die Börse oder ihren Träger ausgehen, die einen Entzug der Börsenkonzession rechtfertigen könnte. Für eine Ausdehnung von § 4 Abs. 5 S. 1 Nr. 2 BörsG auf Fälle geplanten Anteilserwerbs besteht auch keinerlei Notwendigkeit, weil das Börsengesetz der Börsenaufsichtsbehörde ein hierauf speziell zugeschnittenes Instrument – die Anteilseignerkontrolle – an die Hand gegeben hat, das eine Aufhebung der Börsenerlaubnis in den Hintergrund treten lässt. Die Behörde kann nämlich gemäß § 6 Abs. 2 S. 1 BörsG den Erwerb einer bedeutenden Beteiligung an einem Börsenträger untersagen und zwar aus denselben Gründen (vgl. § 6 Abs. 2 S. 1 Nr. 1 BörsG) wie denjenigen (§ 4 Abs. 5 S. 1 Nr. 2 BörsG), die die Aufhebung einer Börsenerlaubnis rechtfertigen. Sie hat es also in der Hand, durch Untersagung des geplanten Anteilserwerbs eines unzuverlässigen Investors den Eintritt einer Situation zu verhindern, die eine Aufhebung der Börsengenehmigung rechtfertigen würde. Folglich ist die Anteilseignerkontrolle einem Entzug der Börsenkonzession vorgreiflich.[47/48]

---

47 Ähnlich Christoph, Börsenkooperationen und Börsenfusionen, S. 223 f.; Lepczyk, Rechtliche Aspekte internationaler Börsenfusionen, S. 189; Burgard, Die börsenrechtliche Zulässigkeit des Zusammenschlusses der Deutsche Börse AG mit der NYSE Euronext im Blick auf die Frankfurter Wertpapierbörse, Wissenschaftliches Gutachten, 2011 (zit.: Gutachten) S. 16 Fn. 15 (eine gekürzte Fassung des Gutachtens ist in WM 2011, 1973 ff., WM 2011, 2021 ff. erschienen).

Freilich wäre es falsch, wollte man annehmen, die Vorschrift in § 6 Abs. 2 BörsG verdränge als spezielleres Gesetz diejenige in § 4 Abs. 5 BörsG von vorneherein vollständig. Denn der Gesetzgeber hat die Untersagungsverfügung nach § 6 Abs. 2 BörsG in das Ermessen der Aufsichtsbehörde gestellt („kann").[49] Denkbar wäre es also, dass die Behörde einen Investor trotz Unzuverlässigkeit einen Anteil an dem Börsenträger erwerben lässt, um sodann dem Träger unter Hinweis auf die fehlende Zuverlässigkeit des Anteilsinhabers die Börsengenehmigung zu entziehen. Ein solches Verhalten wäre indes nicht nur ein gegen allgemeine Rechtsprinzipien verstoßendes venire contra factum proprium, sondern verstieße zudem gegen den die Behörde bindenden Grundsatz der Verhältnismäßigkeit.[50] Was diesen Grundsatz anlangt, ist nämlich zu bedenken, dass die Eingriffsrechte der Aufsichtsbehörde keineswegs mit dem Vollzug eines Erwerbs von Beteiligungen an einem Börsenträger enden. Vielmehr unterfällt bestehender Anteilsbesitz gleichfalls einer – fortlaufenden – Anteilseignerkontrolle, hier nach § 6 Abs. 4 BörsG. Die in dieser Bestimmung vorgesehenen aufsichtsrechtlichen Mittel (Untersagung der Ausübung von Stimmrechten, Übertragung der Stimmrechte auf einen Treuhänder, Veräußerung der Anteile) sind milder als eine Aufhebung der Börsenerlaubnis und gleich geeignet, eine solide und umsichtige Führung des Trägers zu gewährleisten.[51] Das kann an folgender Fallkonstellation gezeigt werden: Ein ausschließlich auf das Betreiben der betreffenden Börse ausgerichteter Börsenträger hat mehrere zuverlässige Anteilseigner, die sämtlich in die Geschäftsleitung des Trägers eingebunden sind. Nun erwirbt ein Unzuverlässiger eine – bedeutende – Beteiligung in Höhe von 15 % der Anteile an dem Träger, ohne dass die anderen Anteilsbesitzer dies

---

48 Wegen dieser Vorgreiflichkeit kommt auch eine nachträgliche Auflage zu der Börsenerlaubnis aus Anlass eines Anteilserwerbs nicht in Betracht. Zwar soll in manchen Fällen die Erteilung einer nachträglichen Auflage als weniger belastendes Mittel zur Sicherstellung der Pflichterfüllung und der Erhaltung der Beleihungsvoraussetzungen (vgl. § 36 Abs. 1 Hs. 2 VwVfG) grundsätzlich zulässig sein, wenn hierdurch die Rücknahme oder der Widerruf des ursprünglichen Verwaltungsakts vermieden werden kann (vgl. Bressler, Public Private Partnership im Bank- und Börsenrecht durch Beleihung mit einer Anstaltsträgerschaft, 2009, S. 141). Da indes Gefahren für die Erfüllung der Betriebspflicht durch einen Anteilserwerb bereits durch eine Untersagung dieses Erwerbs nach § 6 Abs. 2 BörsG gebannt werden können, darf der Börsenträger selbst nicht mit Auflagen belastet werden.
49 Burgard, Gutachten, S. 83 (= WM 2011, 2021, 2033). Vgl. Luz/Neus/Scharpf/Schneider/Weber (Hrsg.)/Kotabe, KWG, 2009, § 2 c Rn. 35 für die parallel gelagerte Bestimmung in § 2 c KWG.
50 Burgard, Gutachten, S. 16 Fn. 15.
51 Bressler, Public Private Partnership im Bank- und Börsenrecht durch Beleihung mit einer Anstaltsträgerschaft, S. 170.

verhindern können und ohne dass die Börsenaufsichtsbehörde den Erwerb untersagt. Wollte die Behörde in dieser Situation unter Berufung auf die Unzuverlässigkeit des Erwerbers die dem Träger erteilte Börsenkonzession aufheben, würde sie in unverhältnismäßiger Weise in das durch Art. 14 GG geschützte Recht am Gewerbebetrieb[52] des Börsenträgers (Art. 19 Abs. 3 GG)[53], dessen übrige Anteilsinhaber unbescholten sind,[54] eingreifen[55] und sich dabei mindestens nach Maßgabe der Grundsätze über die Haftung bei enteignungsgleichem Eingriff schadensersatzpflichtig machen.[56]

Der Vollständigkeit halber sei auf zwei weitere Umstände hingewiesen: (1.) Eine Börsengenehmigung darf zwar aufgehoben werden, wenn sich ein Inhaber einer bedeutenden Beteiligung als unzuverlässig erweist. Mangels einer der Regelung in § 6 Abs. 2 S. 1 Nr. 2 BörsG vergleichbaren Bestimmung in § 4 Abs. 3 und Abs. 5 BörsG scheidet indes eine solche Aufhebung der Börsenerlaubnis aus, wenn die Aufhebung lediglich darauf gestützt werden kann, der Anteilserwerb beeinträchtige die angemessene Fortentwicklung des Börsenbetriebs. (2.) Die Aufhebung der Börsengenehmigung darf keineswegs auf Mutmaßungen „ins Blaue hinein" oder auf eine abstrakte Erwartung zukünftig möglicherweise eintretender Unzuverlässigkeit eines interessierten Erwerbers gestützt werden. Vielmehr müssen „Tatsachen" (§ 4 Abs. 5 S. 1 Nr. 2 BörsG am Anfang) vorlie-

---

52 Ständige Rechtsprechung seit BGHZ 23, 157, 162.
53 Zur Grundrechtssubjektivität des Börsenträgers trotz Beleihung Köndgen/Mues WM 1998, 53, 58 f.; Christoph WM 2004, 1856, 1859. Allgemein zum Verhältnis von Berufsfreiheit und öffentlichrechtlicher Börsenverfassung Mues, Die Börse als Unternehmen, 1999, S. 127 ff.; Schönemann, Die Organisationsstruktur der Börse, 2010, S. 106 ff.
54 Zur Beeinträchtigung der Berufsfreiheit des Geschäftsführers und Mehrheitsgesellschafters einer GmbH, wenn in deren Berufsfreiheit eingegriffen wird, vgl. BVerfG WM 2011, 986. Auch ausländische juristische Personen mit Sitz in der EU können in Anwendungserweiterung von Art. 19 Abs. 3 GG Träger von Grundrechten sein (BVerfG ZIP 2011, 1809 ff.).
55 Enteignungsgleicher Eingriff durch Entzug einer Zulassung in BGHZ 127, 58, 68; BGH DRiZ 1974, 163.
56 Lorenz, Die Wertpapierbörse und ihr Träger, 2004, S. 80; Breitkreuz, Die Ordnung der Börse, 2000, S. 196; Christoph, Börsenkooperationen und Börsenfusionen, S. 413. Zur Haftung von Finanzaufsichtsbehörden wegen Amtspflichtverletzung und enteignungsgleichem Eingriff vgl. Hammen, A responsabilidade do órgão de supervisão do sistema financeiro pela ordem ilegítima de encerramento de atividades, traduzido por Marcelo Boff Lorenzen, REVISTA DE DIREITO PRIVADO (Brasilien) 2012, S. 287 ff.; die deutsche Fassung kann unter dem Titel „Haftung der Finanzaufsichtsbehörde für rechtswidrige Einstellungsanordnungen" über die Internetseite des Verf. aufgerufen werden: www.recht.uni-giessen.de.

gen, die die Annahme rechtfertigen, der Anteilsinhaber sei unzuverlässig. Solche Tatsachen können – wie in Kapitel III.5.b.hh. ausführlich dargelegt werden wird – nur angenommen werden, wenn sie auf „objektive und nachweisbare Gründe" gestützt werden können (vgl. Art. 38 Abs. 3 MiFID). Objektive und nachweisbare Gründe für die Annahme, die an der Übernahme der Anteile an der Deutsche Börse AG interessierte Holding N.V. oder ihre geschäftsleitenden Personen seien unzuverlässig gewesen, ließen sich weder dem der geplanten Fusion von Deutsche Börse AG und NYSE Euronext Inc. zugrunde liegenden Business Combination Agreement noch irgendwelchen anderen Umständen entnehmen.

III. Börsenrechtliche Unbedenklichkeit des Übernahmeangebots

1. Geschichte der börsenrechtlichen Anteilseignerkontrolle

Die Anfänge einer Kontrolle des Erwerbs bedeutender Beteiligungen an dem Träger einer Börse durch die Börsenaufsichtsbehörde reichen bis in das letzte Jahrzehnt des vergangenen Jahrhunderts zurück. Soweit ersichtlich als erste haben Hopt/Baum in ihrem großen, im Auftrag des Bundesministers der Finanzen gefertigten Gutachten „Börsenreform" vorgeschlagen, eine der aus dem europäischen und dort vor allem aus dem englischen Bankaufsichtsrecht stammende, auf die Erfahrungen mit der BCCI zurückgehende Transparenz- und Kontrollregelung betreffend Inhaber bedeutender Beteiligungen an Kreditinstituten vergleichbare Bestimmung für Großaktionäre von Börsengesellschaften zu schaffen.[57] Dieser Vorschlag stieß verschiedentlich auf Zurückhaltung. Vorgetragen wurde, es sei fraglich, ob bei Börsenträgern eine der Lage bei Kreditinstituten vergleichbare Situation bestehe. Denn die die Anteilseignerkontrolle bei Kreditinstituten tragende Absicht, private Einleger vor Verlusten durch Insolvenz der Institute und die Kreditinstitute vor Missbrauch durch Geldwäsche und Einschleusung von Geldern aus der organisierten Kriminalität zu bewahren, gehe beim Börsenträger ins Leere.[58]

Ungeachtet dieser Bedenken gewann der von Hopt/Baum unterbreitete Vorschlag in den Diskussionen um die dann im September 2000 gescheiterte Fusion

---

57 Hopt/Baum, in: Hopt/Rudolph/Baum, Börsenreform, 1997, S. 403 Fn. 484; Baumbach/Hopt, HGB, 35. Aufl. 2012, § 6 BörsG Rn. 1.
58 Beck BKR 2002, 662, 665; aus ökonomischem Blickwinkel ablehnend Rudolph BB 2002, 1036, 1039.

der Deutsche Börse AG mit der London Stock Exchange (Projekt iX)[59] Aktualität. Zwar ging es damals nicht um den Erwerb von Beteiligungen an der Deutsche Börse AG. Vielmehr war geplant, die Deutsche Börse AG zu einer Holding werden und ihre Börsenerlaubnis auf eine neu zu gründende Tochtergesellschaft übergehen zu lassen. Gleichwohl wurde seinerzeit gefragt, wie denn wohl in künftigen Fällen eines etwaigen Erwerbs von Anteilen an der Deutsche Börse AG selbst zu verfahren sei. Darauf hingewiesen wurde, die damals schon im europäischen (vgl. Art. 19 ff. Bankenaufsichtsrichtlinie 2006/48/EG) und im deutschen Kreditwesenaufsichtsrecht (vgl. § 2 c KWG)[60] verankerte behördliche Kontrolle der Inhaber bedeutender Beteiligungen an Kredit- und Finanzdienstleistungsinstituten sei auf den Börsenträger als Betreiber des an der Börse stattfindenden Freiverkehrs und damit als Vermittlungsmakler (§ 1 Abs. 1 a S. 2 Nr. 2 KWG) anzuwenden.[61]

Freilich war man sich der Schwächen dieser Konstruktion bewusst. Eine solche Anteilseignerkontrolle hätte nur auf den Börsenträger in seiner Eigenschaft als Veranstalter des privatrechtlich organisierten Freiverkehrs, nicht hingegen in seiner Funktion als beliehener Betreiber der öffentlichrechtlich verfassten Börse bezogen werden können. Diese eben im Zusammenhang mit dem Projekt iX gewonnene Erkenntnis gab den Anstoß für die Schaffung einer Anteilseignerkontrolle im Börsengesetz.[62] Der vorstehend geschilderte kreditwesengesetzliche Ansatz wurde nämlich dann im Zuge der Arbeiten am 4. Finanzmarktförderungsgesetz (2001) zu dem Vorschlag weiterentwickelt, eine spezielle Befugnis der Börsenaufsichtsbehörde zur Kontrolle von Inhabern bedeutender Beteiligungen an Börsenträgergesellschaften einzurichten.[63] Nach einigen unterschiedlichen Gesetzesentwürfen im Gesetzgebungsverfahren, deren Inhalt und Abfolge für die Auslegung von § 6 BörsG von Bedeutung sein wird, hat der Ge-

---

59 Vgl. die hierzu für die hessische Börsenaufsichtsbehörde erstatteten Rechtsgutachten von Kümpel/Hammen WM 2000 Sonderbeilage 3, S. 1 ff.; Uwe H. Schneider/Burgard WM 2000 Sonderbeilage 3, S. 24 ff. und Schwark WM 2000, 2517 ff.
60 Eine gleichgelagerte Anteilseignerkontrolle gibt es nach § 104 VAG bei Versicherungsunternehmen (hierzu Weber-Rey/Baltzer WM 2006, 205, 211) und bei Kapitalanlagegesellschaften gemäß § 2 a InvG; vgl. allgemein Hirschmann, Anteilseignerkontrolle im Versicherungsaufsichts- und Kreditwirtschaftsrecht, 2000.
61 Hammen WM 2001, 929, 940; ders. AG 2001, 549, 556; Kümpel, Bank- und Kapitalmarktrecht, 3. (!) Aufl. 2004, Rn. 17.286.
62 Baumbach/Hopt, HGB, § 6 Rn. 1.
63 Hammen AG 2001, 549, 566.

setzgeber jenen Vorschlag mit dem 4. Finanzmarktförderungsgesetz schließlich in § 3 BörsG a.F. (§ 6 BörsG n.F.) umgesetzt.[64]

Nach dem Erlass des 4. Finanzmarktförderungsgesetzes wurde das neue Instrument der Anteilseignerkontrolle über den Börsenträger aus verfassungsrechtlichen Gründen in Frage gestellt.[65] Dieser Kritik verstummte freilich, als der europäische Gesetzgeber schließlich im Jahre 2004 in Art. 38 der Richtlinie über Märkte für Finanzinstrumente 2004/39/EG (MiFID) den Mitgliedstaaten nun auch die Einführung einer Anteilseignerkontrolle über den Börsenträger aufgab.[66] Eine erste Bewährungsprobe hatte das neue Instrument zu bestehen, als um die Jahreswende 2004/2005 einige Hedge Fonds Beteiligungen an der Deutsche Börse AG erwarben, dann deren Vorstand zwangen, den Versuch einer Übernahme der London Stock Exchange aufzugeben und statt dessen durch Aktienrückkaufprogramme und Dividendenerhöhungen Ausschüttungen an die Aktionäre vorzunehmen. Ein auf Berichte über Absprachen über die Herstellung von Hauptversammlungsmehrheiten von der Börsenaufsichtsbehörde eingeleitetes Anteilseignerkontrollverfahren wurde seinerzeit eingestellt, ohne dass gegen jene Investoren Sanktionen nach dem Börsengesetz verhängt wurden.[67] Auch später, als diese Hedge Fonds, ohne dass dabei eine im Interesse des Börsenträgers liegende Strategie erkennbar geworden wäre, recht wahllos vorschlugen, die Derivate-Sparte Eurex oder den Zentralverwahrer Clearstream zu veräußern und den Erlös an die Aktionäre auszukehren, hat die Aufsichtsbehörde von Maßnahmen nach § 6 BörsG (damals § 3 BörsG a.F.) abgesehen.[68]

2. Instrumentarium der Anteilseignerkontrolle

a. Keine Erlaubnisbedürftigkeit des Anteilserwerbs

Fragt man nach der Tragweite der börsenrechtlichen Anteilseignerkontrolle, ist in einem ersten Schritt zu prüfen, welche rechtlichen Handlungsformen der Börsenaufsichtsbehörde im präventiven Anteilseignerkontrollverfahren (§ 6 Abs. 1 und Abs. 2 BörsG) zur Verfügung stehen. Die wirtschaftsrechtliche Kontrolle

---

64 Zur Genese dieser Vorschrift vgl. Mues ZBB 2001, 353, 357; Christoph WM 2004, 1856, 1857.
65 Vgl. Christoph WM 2004, 1856, 1859 ff.
66 Vgl. Schwark/Zimmer/Beck, KMRK, 4. Aufl. 2010, § 6 BörsG Rn. 18.
67 Vgl. Hammen Der Konzern 2009, 18.
68 Frankfurter Allgemeine Zeitung v. 7.7.2005, S. 19; Christoph, Börsenkooperationen und Börsenfusionen, S. 228 Fn. 769; Bressler, Public Private Partnership im Bank- und Börsenrecht durch Beleihung mit einer Anstaltsträgerschaft, S. 169 mit Fn. 664.

von Unternehmen erfolgt mit Hilfe eines abgestuften rechtstechnischen Instrumentariums. Die wesentlichen Instrumentarien gewerberechtlicher Aufsicht sind die Anzeigepflicht, die Untersagungsermächtigung und das Verbot mit Erlaubnisvorbehalt.[69] Nach § 6 Abs. 1 S. 3 BörsG kann die Behörde Auskünfte verlangen, falls dies für die Beurteilung der tatbestandlichen Voraussetzungen nach § 6 Abs. 2 BörsG zweckdienlich erscheint. Liegen die tatbestandlichen Voraussetzungen von § 6 Abs. 2 S. 1 Nr. 1 oder Nr. 2 BörsG vor (z.b. Unzuverlässigkeit des Erwerbers), kann die Börsenaufsichtsbehörde den Erwerb einer bedeutenden Beteiligung *untersagen* (§ 6 Abs. 2 S. 1 BörsG). Wird der Erwerb nicht untersagt, kann die Behörde eine Frist festsetzen, nach deren Ablauf der Vollzug des beabsichtigten Erwerbs anzuzeigen ist (§ 6 Abs. 2 S. 2 BörsG).

Andere rechtliche Mittel hat der Gesetzgeber der Behörde nicht an die Hand gegeben. Insbesondere sagt das Börsengesetz nirgendwo etwas davon, der Erwerb einer bedeutenden Beteiligung an einem Börsenträger bedürfe einer Erlaubnis der Börsenaufsichtsbehörde,[70] obgleich das Börsengesetz im Übrigen mit ausdrücklich bestimmten Erlaubnis- und Zulassungserfordernissen voll ist (vgl. §§ 4 Abs. 1, 19 Abs. 1, 23 Abs. 1, 27 Abs. 1, 32 Abs. 1 BörsG). Auch von dem bei einer Erlaubnis als begünstigendem Verwaltungsakt gewöhnlich vorhandenen gesetzlichen Antragserfordernis[71] fehlt in § 6 BörsG jede Spur. Schließlich kann auch aus der Existenz der Untersagungsbefugnis in § 6 Abs. 2 BörsG nicht auf eine Erlaubnisbedürftigkeit eines Anteilserwerbs geschlossen werden.[72] Zwar gibt es im Finanzaufsichtsrecht nicht nur Ermächtigungen, unter bestimmten Voraussetzungen erlaubnis*freies* Handeln zu untersagen, sondern auch Ermächtigungen, erlaubnisbedürftiges, ohne Erlaubnis betriebenes Geschäft zu unterbinden.[73] Ein Beispiel hierfür ist die Ermächtigung der BaFin, gegen ohne Erlaubnis betriebenes Bankgeschäft einzuschreiten (§ 37 Abs. 1 S. 1 KWG). Hier ist indes der Schluss von der Untersagungsbefugnis (sofortige Ein-

---

69 Schmidt-Aßmann/Schoch (Hrsg.)/P.M. Huber, Besonderes Verwaltungsrecht, 14. Aufl. 2008, S. 430 Rn. 299.
70 Burgard, Gutachten, S. 14 (= WM 2011, 1973, 1975).
71 Vgl. im Börsengesetz §§ 4 Abs. 2, 27 Abs. 1, 32 Abs. 1 S. 2 BörsG.
72 Deshalb hat der Bundesrat angesichts der mit der geplanten Eingliederung von Börsenträgern in einen Börsenkonzern gemachten Erfahrungen (vgl. BR-Drucks. 607/12, S. 3) im November 2012 – Bedenken der Bundesregierung hiergegen in BT-Drucks. 17/11874, S. 1 – vorgeschlagen, durch das Hochfrequenzhandelsgesetz die Regelung in § 6 Abs. 2 BörsG dahingehend zu ändern, dass der Erwerb bedeutender Beteiligungen an einem Börsenträger der Genehmigung der Börsenaufsichtsbehörde bedarf (BR-Drucks. 607/12, S. 3).
73 Vgl. Schmidt-Aßmann/Schoch (Hrsg.)/P.M. Huber, Besonderes Verwaltungsrecht, S. 430 Rn. 301.

stellung des Geschäftsbetriebs) auf die Erlaubnisbedürftigkeit des Betreibens von Bankgeschäften nur deshalb zulässig, weil die fehlende Erlaubnis und damit die Erlaubnisbedürftigkeit des Vorgangs bereits ausdrückliche gesetzliche tatbestandliche Voraussetzung für eine Einstellungsverfügung ist (§ 37 Abs. 1 S. 1 KWG: „ohne die nach § 32 erforderliche Erlaubnis"). Fehlt eine solche Tatbestandsvoraussetzung, ist vielmehr der Umkehrschluss gestattet, dass es eine entsprechende Erlaubnisbedürftigkeit des betreffenden Vorgangs auch nicht gibt.

Nun mag man auf den Gedanken verfallen zu meinen, im Interesse des interessierten Erwerbers gebiete es der Grundsatz der Verhältnismäßigkeit, der Aufsichtsbehörde, statt sie zu einer unbedingten Untersagung des Erwerbs zu nötigen, die Möglichkeit einzuräumen, den Erwerb durch eine Art Freigabeerklärung unter Auflagen zu erlauben, durch deren Erfüllung das Auftreten der Untersagungsgründe vermieden werden könne.[74] Die Ableitung einer solchen Befugnis muss indes aus drei Gründen verworfen werden. Der Grundsatz der Gesetzmäßigkeit der Verwaltung erlaubt es erstens der Aufsichtsbehörde nur dann in Befolgung des Verhältnismäßigkeitsgrundsatzes auf gleich geeignete Mittel zuzugreifen, die den interessierten Erwerber weniger stark belasten, wenn diese Mittel gesetzlich zugelassen sind.[75] Zweitens ist die parallel zu § 6 Abs. 2 BörsG gelagerte Vorschrift in § 2 c Abs. 1 b KWG in den Blick zu nehmen, deren Vorläuferbestimmung das Vorbild für § 6 BörsG abgegeben hat, weshalb auf die Erläuterungen zu § 2 c KWG grundsätzlich zurückgegriffen werden kann.[76] Nach der Bestimmung in § 2 c Abs. 1 b S. 3 KWG (vgl. auch § 104 Abs. 1 b S. 2 Alt. 2 VAG), die in Umsetzung von Art. 19 der Richtlinie 2007/44/EG über Verfahrensregeln und Bewertungskriterien für die aufsichtsrechtliche Beurteilung des Erwerbs und der Erhöhung von Beteiligungen im Finanzsektor ergan-

---

74 Tusch WM 2013, 633, 636; vgl. allgemein Knack/Hennecke, VwVfG, 9. Aufl. 2010, § 36 Rn. 15, wonach eine nicht zweckbeeinträchtigende Nebenbestimmung in Betracht kommen soll, wenn der begehrte Verwaltungsakt sonst abzulehnen wäre und sich die Nebenbestimmung demgegenüber als das mildere Mittel darstellt. – Unklar Burgard, Gutachten, S. 83 (= WM 2011, 2021, 2033): Untersagung unter Auflagen.

75 Vgl. BVerwG VersR 2000, 707, wonach sich ein von den Ermächtigungsnormen des Versicherungsaufsichtsgesetzes nicht gedeckter, mit Verwaltungsaktsqualität ausgestatteter Verweis auch nicht nach dem Grundsatz der Verhältnismäßigkeit als milderes Mittel aus der Befugnis ableiten lässt, einem Gewerbetreibenden die Ausübung des Gewerbes zu untersagen – allerdings auch deswegen, weil ein Verweis kein minus, sondern ein aliud sei.

76 Christoph WM 2004, 1856, 1857; Bressler, Public Private Partnership im Bank- und Börsenrecht durch Beleihung mit einer Anstaltsträgerschaft, S. 158; Burgard, Gutachten, S. 23.

gen ist,[77] darf die Aufsichtsbehörde keine „Vorbedingungen" an die Höhe der zu erwerbenden Beteiligung stellen.[78/79] Solche Vorbedingungen haben dieselbe Funktion wie Auflagen. Deshalb lässt sich aus den Vorschriften über die aufsichtsrechtliche Beurteilung des Erwerbs von Beteiligungen im Finanzsektor der Grundsatz entwickeln, dass die Aufsichtsbehörde, wenn keine Gründe für die Untersagung des Erwerbs einer Beteiligung vorliegen, sich keine zusätzliche Handhabe bezüglich dieses Erwerbs durch das Stellen von Vorbedingungen oder Auflagen schaffen darf.

Nach dem Regelungsgefüge von § 6 BörsG besteht drittens hierfür auch gar kein Anlass. Auflagen dienen gewöhnlich dazu sicherzustellen, dass die gesetzlichen Voraussetzungen eines Verwaltungsakts erfüllt werden (vgl. § 36 Abs. 1 VwVfG). Dieses Sicherungsinstruments bedarf es bei der Anteilseignerkontrolle nach § 6 BörsG nicht, weil der Gesetzgeber hier eine andere Technik gewählt hat, ungeeignete Anteilsinhaber aus dem Kreis der Gesellschafter eines Börsenträgers fernzuhalten. Danach erlaubt § 6 Abs. 2 BörsG lediglich eine repressive Eingangskontrolle, nicht hingegen eine für die Zukunft – beispielsweise mittels Auflagen – vorsorgende Eingangskontrolle. Hierdurch wird freilich keine Aufsichtslücke aufgerissen. Denn der Anteilsinhaber unterfällt nach erfolgtem, nicht untersagten Erwerb gemäß § 6 Abs. 4 BörsG einer laufenden Kontrolle anhand derselben Maßstäbe, wie sie für die Eingangskontrolle nach § 6 Abs. 2 BörsG gelten. Hiernach wird alles, was bei einer „Genehmigung" eines Anteilserwerbs mittels einer Auflage geregelt werden könnte, inhaltlich schon von der fortlaufenden Anteilseignerkontrolle gemäß § 6 Abs. 4 BörsG erfasst, weshalb hierne-

---

77 Gesetz v. 12.3.2009, BGBl. I, S. 470.
78 Vgl. BT-Drucks. 16/11448, S. 4; Hoger WM 2007, 1053, 1055.
79 Diese Bestimmung hindert die zuständige Behörde freilich nicht, im Verfahren der Anteilseignerkontrolle Zusagen des interessierten Erwerbers zur Erfüllung aufsichtsrechtlicher Anforderungen zu berücksichtigen (vgl. Erwägungsgrund 3 S. 4 der RL 2007/44/EG für den Bereich des Kredit- und Versicherungswesens). Vorstellbar ist etwa die Vorlage eines Beherrschungsvertrags, in dem das Recht des einen Börsenträger beherrschenden Unternehmens ausgeschlossen ist, – ohnehin unzulässige – Weisungen zu erteilen, die die Erfüllung der Betriebspflicht des Börsenträgers vereiteln (zur Zulässigkeit, nachteilige Weisungen beherrschungsvertraglich auszuschließen, vgl. Koppensteiner, in: Kölner Komm. AktG, Bd. 6, 3. Aufl. 2004, § 308 Rn. 58 mit einem Beispiel: Ausschluss der Weisung, einen Betrieb des beherrschten Unternehmens stillzulegen). – Eine Begrenzung des Beherrschungsvertrags kann darin liegen, dass nicht nur nachteilige Weisungen, sondern auch Weisungen hinsichtlich sonstiger Geschäfte oder Maßnahmen ausgeschlossen werden. Zudem kann die Leitungsmacht auch dadurch eingegrenzt werden, dass bestimmte Funktionsbereiche ausgenommen werden (Geßler/Hefermehl/Eckhardt/Kropff, AktG, Bd. VI, 1976, § 308 Rn. 33 f.).

ben für eine solche „Genehmigung" unter Auflagen verwaltungsrechtlich kein Raum bleibt.

Mithin enthält § 6 Abs. 2 BörsG kein Verbot des Erwerbs einer bedeutenden Beteiligung mit Erlaubnisvorbehalt, sondern eine generelle Erlaubnis solcher Erwerbsvorgänge mit Verbotsvorbehalt. Die Aufsichtspraxis kennt auf dem Felde der Beteiligungen im Finanzsektor lediglich den „no action letter", mit dem die Aufsichtsbehörde bestätigt, dass sie den Erwerb nicht untersagen wird.[80]

b. Keine Nebenbestimmungen zu einem Verwaltungsakt

Der Umstand, dass der Erwerb einer bedeutenden Beteiligung keiner Erlaubnis bedarf, beschränkt den Gestaltungsspielraum der Börsenaufsichtsbehörde in einer wesentlichen Hinsicht. Die Behörde darf nämlich – das ist jetzt noch einmal aus dem allgemeinen deutschen Verwaltungsrecht herzuleiten – dem interessierten Erwerber keine Auflagen erteilen und keinen Vorbehalt einer nachträglichen Aufnahme, Änderung oder Ergänzung einer Auflage machen. Auflagen und Vorbehalte sind nämlich „Nebenbestimmungen zum Verwaltungsakt" (amtliche Überschrift von § 36 VwVfG), setzen also den Erlass eines Verwaltungsakts voraus, an dem es aber fehlt, wenn die Börsenaufsichtsbehörde den Erwerb einer bedeutenden Beteiligung nicht untersagt.[81/82] Durch das Fehlen eines Erlaub-

---

80 Schwennicke/Auerbach/Süßmann, KWG, 2009, § 2 c Rn. 18; Tusch WM 2013, 633, 635; vgl. auch Erwägungsgrund 5 S. 3 der RL 2007/44/EG, wonach die zuständige Behörde den interessierten Erwerber – zumindest wenn dieser darum ersucht – auch von einer positiven Beurteilung in Kenntnis setzen soll.

81 Unklar Burgard, Gutachten, S. 83 (= WM 2011, 2021, 2033): Untersagung unter Auflagen. – Eine Untersagung nach § 6 Abs. 2 BörsG unter der aufschiebenden oder auflösenden Bedingung einer Erfüllung bestimmter Forderungen der Börsenaufsichtsbehörde gegen die Deutsche Börse AG oder die Holding N.V. wäre ungeachtet des Umstands, dass solche Nebenbestimmungen kaum praktikabel sein dürften, nicht in Betracht gekommen, weil es das europäische Anteilseignerkontrollrecht im Finanzsektor den Aufsichtsbehörden verbietet, „Vorbedingungen" zu stellen (Art. 19 der Richtlinie 2007/44/EG). Dieses Recht gilt zwar für regulated markets nicht unmittelbar, kann aber im Wege der Interpretation von Art. 38 MiFID herangezogen werden, weil es nicht einsehbar wäre, jene Beschränkung für ein multilaterales System gelten zu lassen, wenn es als multilaterales Handelssystem, nicht aber, wenn es als regulated market betrieben wird.

82 Deshalb hat der Bundesrat – Bedenken der Bundesregierung hiergegen in BT-Drucks. 17/11874, S. 1 – vorgeschlagen, die Einführung eines Genehmigungserfordernisses in § 6 Abs. 2 BörsG mit einem Ermessenstatbestand zu verknüpfen, der es dann erlaubt hätte, die Genehmigung mit Nebenbestimmungen zu versehen (BR-Drucks. 607/12, S. 3 f.).

nistatbestandes unterscheidet sich das in Rede stehende Fusionsvorhaben von der im Jahre 2000 geplant gewesenen Fusion der Deutsche Börse AG mit der London Stock Exchange. Seinerzeit ging es nicht um die Beteiligung einer Holding als Konzernspitze an dem Träger der Frankfurter Wertpapierbörse, der Deutsche Börse AG. Vielmehr war damals vorgesehen, die Deutsche Börse AG zur Konzernspitze und eine Tochtergesellschaft zum neuen Börsenträger werden zu lassen. Diese Umstrukturierung hätte eine Überleitung der bis dahin der Deutsche Börse AG erteilten Börsenkonzession auf die Tochtergesellschaft bzw. die Erteilung einer neuen Erlaubnis für die Tochtergesellschaft, also einen begünstigenden Verwaltungsakt erfordert, dem gemäß § 36 VwVfG – jedenfalls wenn man der Auffassung anhängt, dem Börsenträger stehe kein Anspruch auf Erteilung der Börsenerlaubnis zu (dazu nachfolgend c.) – Nebenbestimmungen (z.B. Auflagen), insbesondere zur Sicherstellung der Betriebspflicht (Patronatserklärung der Konzernmutter u.ä.) hätten beigegeben werden können.[83] Demgegenüber sollte bei der geplant gewesenen Fusion mit NYSE Euronext Inc. der Börsenträger unverändert derselbe bleiben, weshalb der Erlass einer nebenbestimmungstauglichen Börsenerlaubnis von vornherein ausschied. Deshalb verlagern sich die rechtlichen Fragen dieser Fusion von der Erlaubnisbedürftigkeit gemäß § 4 BörsG zur Inhaberkontrolle nach § 6 BörsG. Da es indes beim Erwerb bedeutender Beteiligungen an einem Börsenträger eines – erlaubnisbegründenden – Verwaltungsakts nicht bedarf, kann die Börsenaufsichtsbehörde dem Erwerber keine Auflagen machen.

c. Exkurs: Nebenbestimmungen zur Börsenerlaubnis

Nebenbestimmungen zu einem Verwaltungsakt sind ein – allerdings nur in Grenzen – verwaltungsrechtlich zulässiges und probates Mittel, "Alles-oder-nichts"-Entscheidungen der Verwaltungsbehörde zu vermeiden. Deshalb könnte eine Börsenaufsichtsbehörde versucht sein, schon bei der Erteilung einer Börsenerlaubnis[84] mit Blick auf zukünftige Börsenkooperationen mittels Hinzufü-

---

83 Kümpel/Hammen WM 2000 Sonderbeilage 3, S. 3, 12, 19 f.
84 Der nachträgliche Erlass von Nebenbestimmungen zu einer Börsenerlaubnis ist mangels einer betreffenden gesetzlichen Regelung grundsätzlich unzulässig (vgl. BVerwG NVwZ 1988, 149; vgl. aber auch oben Fn. 48). Deshalb haben der Bundesrat und der Finanzausschuss in BR-Drucks. 607/12, S. 2 und in BT-Drucks. 17/12536, S. 8, 32 insbesondere mit Blick auf die Eingliederung des Börsenträgers in einen Börsenkonzern mit einer Holding über der Trägergesellschaft vorgeschlagen – Bedenken der Bundesregierung hiergegen in BT-Drucks. 17/11874, S. 1 –, der Börsenaufsichtsbehörde zu ermöglichen, die Börsenerlaubnis mit Auflagen zu versehen, soweit dies erforderlich ist, um die Erlaubnisvoraussetzungen sicherzustellen (BT-Drucks. 17/12536, S. 8).

gung einer Nebenbestimmung auf die Anteilseignerstruktur des Börsenträgers Einfluss zu nehmen. Denkbar wäre etwa, dass sie in der Nebenbestimmung bestimmte Beteiligungsverhältnisse, -größen oder -grenzen vorgibt und die Nebenbestimmung als auflösende Bedingung ausgestaltet (vgl. § 36 Abs. 2 Nr. 2 VwVfG), deren Eintritt die Börsenerlaubnis entfallen ließe. Freilich wäre eine solche Nebenbestimmung aus Gründen des deutschen Verwaltungsrechts (nachfolgend aa.) und wegen Verstoßes gegen die Grundfreiheiten des Vertrags über die Arbeitsweise der Europäischen Union (unten bb.) rechtswidrig.

aa. *Rechtswidrigkeit einer Nebenbestimmung nach deutschem Verwaltungsrecht*

aaa. Rechtswidrigkeit der Nebenbestimmung wegen Bestehens eines Anspruchs auf Erteilung der Börsenerlaubnis

Eine Nebenbestimmung der geschilderten Art ist mangels einer Rechtsvorschrift, die es zulässt, die Erlaubnis mit ihr zu versehen (vgl. z.B. § 32 Abs. 2 S. 1 KWG), rechtswidrig, weil ein Börsenträger, der die Voraussetzungen gemäß § 4 BörsG für die Erteilung einer Börsenerlaubnis erfüllt, einen *Anspruch* auf Erteilung der Börsenerlaubnis hat, weshalb dieser Verwaltungsakt nach allgemeinem Verwaltungsrecht nicht mit jener Nebenbestimmung versehen werden darf (vgl. § 36 Abs. 1 Alt. 1 VwVfG). Diese Feststellung bedarf einer besonderen Herleitung, weil nach bislang herrschender Meinung der Träger keinen Anspruch auf Erteilung der Börsenerlaubnis besitzt. Diese Auffassung wird mit dem Argument begründet, die Börse sei als Anstalt des öffentlichen Rechts (§ 2 Abs. 1 BörsG) eine öffentlichrechtliche Einrichtung des Staates, mit dessen verfassungsrechtlicher Organisationsgewalt Ansprüche Privater auf Errichtung solcher Einrichtungen unvereinbar seien.[85] Deshalb bestehe – so wird gesagt – lediglich ein Anspruch des Antragstellers auf eine fehlerfreie Ermessensentscheidung, bei der manche der Börsenaufsichtsbehörde sogar eine Bedürfnisprüfung erlauben wollen.[86]

Diese Herleitung stimmt zwar mit deutschem Verfassungsrecht vollständig überein, verstößt aber gegen europäisches Recht, nämlich gegen die Dienstleis-

---

85 Schwark/Zimmer/Beck, KMRK, § 4 BörsG Rn. 4.
86 Stellungnahme der hessischen Börsenaufsichtsbehörde zu einigen ausgewählten Thesen des Gutachtens Hopt/Rudolph/Baum bezüglich einer Börsenreform in Deutschland, A II, Zum Erfordernis der Genehmigung der Börse, veröffentlicht unter http://www.boersenaufsicht.de/aktuell.htm; Schönemann, Die Organisationsstruktur der Börse, S. 55; ausführlichere Schilderung dieser Ableitung bei Hammen, Börsen und multilaterale Handelssysteme im Wettbewerb, S. 45.

tungsfreiheit des antragstellenden Börsenträgers aus Art. 56 AEUV, und ist deshalb wegen Vorrangs des europäischen Rechts auch vor dem deutschen Verfassungsrecht unanwendbar.[87] Der Börsenträger bietet den Handelsteilnehmern, wenn er eine Börse betreibt, eine der Dienstleistung multilateraler Handelssysteme vergleichbare Dienstleistung, nämlich eine wertpapierdienstleistungsähnliche Dienstleistung an. Das ergibt sich aus der Beschreibung der Tätigkeit der beiden Handelssystemarten in der Richtlinie 2004/39/EG über Märkte für Finanzinstrumente (MiFID), die bis auf einige Marginalien identisch ist (Art. 4 Abs. 1 Nr. 14 und Nr. 15 MiFID). Da die MiFID auf eine Kompetenzvorschrift aus dem Bereich der Dienstleistungsfreiheit (Art. 47 Abs. 2 EGV a.F. = Art. 53 Abs. 1 AEUV) gestützt worden ist, lässt sich auch das Betreiben eines multilateralen Systems in der Form eines regulated markets (einer Börse) durch den Börsenträger als Dienstleistung i.S.v. Art. 56 AEUV begreifen.

Die in Art. 56 AEUV garantierte Dienstleistungsfreiheit besteht als subjektives Recht gegenüber dem Staat, der über die Erteilung einer Erlaubnis zum Betrieb eines regulated markets (einer Börse) zu befinden hat, nicht nur zugunsten antragstellender Marktbetreiber aus anderen EU-Mitgliedstaaten. Vielmehr kann sich auch ein in einem bestimmten Mitgliedstaat ansässiger Marktbetreiber gegenüber diesem Staat, seinem Herkunftsstaat, auf Art. 56 AEUV berufen, wenn er, wie dies die Deutsche Börse AG über die FWB tut, seine Dienstleistung nicht nur Abnehmern aus seinem Herkunftsmitgliedstaat, sondern auch Handelsteilnehmern und Emittenten aus anderen EU-Mitgliedstaaten anbietet. Denn weil Art. 56 AEUV in allgemeiner Form Beschränkungen des freien Dienstleistungsverkehrs „innerhalb der Gemeinschaft" verbietet, richtet der EuGH dieses Verbot auch gegen den Herkunftsmitgliedstaat.[88] Wenngleich das Verbot im Ausgangspunkt als Ausländerdiskriminierungsverbot gilt, versteht es der EuGH auch als Behinderungsverbot, wenn eine Vorschrift des Herkunftsstaates unmittelbar den Zugang eines in diesem Staat ansässigen Dienstleisters zu Dienstleistungsmärkten in anderen Mitgliedstaaten behindert.[89] Als eine Behinderung der Dienstleistungsfreiheit begreift es der EuGH bereits, wenn ein Mitgliedstaat für eine bestimmte Dienstleistung einen Genehmigungsvorbehalt aufstellt, der auch für grenzüberschreitende Sachverhalte gilt.[90] Diese Rechtsprechung ist zwar seit dem Erlass der MiFID nicht mehr unmittelbar einschlägig, weil das europäische Recht selbst für das Betreiben geregelter Märkte einen Erlaubnisvorbehalt ge-

---

87 Hierzu und zum Folgenden ausführlicher Hammen, Börsen und multilaterale Handelssysteme im Wettbewerb, S. 47 ff.
88 EuGH Slg. 1995, I-1141, 1176 Rn. 30.
89 EuGH Slg. 1995, I-1141, 1176 Rn. 30, 1178 Rn. 38.
90 EuGH NJW 1991, 2693.

setzt hat (Art. 36 MiFID), dessen Ausfüllung das Verbot mit Erlaubnisvorbehalt in § 4 BörsG dient. Mittelbar greift sie indes schon. Eine Behinderung der Dienstleistungsfreiheit bildet es, dass das deutsche Börsenrecht einem Anspruchsteller keinen Anspruch auf Erteilung der Börsenerlaubnis gibt, wenn die Zulassungsvoraussetzungen vorliegen, sondern ihm lediglich einen Anspruch auf fehlerfreie Ermessensausübung über seinen Antrag einräumt, auch wenn er die in Art. 36 ff. MiFID bzw. im deutschen Börsengesetz normierten Voraussetzungen für den Erhalt einer Zulassung erfüllt. Der EuGH hat nämlich eine Behinderung der Dienstleistungsfreiheit bejaht, wenn die Ermessensentscheidung eine Bedürfnisprüfung umfasste. Zur Begründung hat der EuGH angeführt, eine nationale Regelung stelle, wenn sie die Ausübung einer Tätigkeit von einer Bedingung abhängig mache, die an den wirtschaftlichen Bedarf dieser Tätigkeit anknüpfe, eine Beschränkung dar, weil sie darauf abziele, die Zahl der Dienstleister zu begrenzen.[91] Diese Rechtsprechung lässt sich ohne weiteres auf *alle* vom europäischen Sekundärrecht nicht vorgesehenen, aber nach deutschem Börsenrecht zugelassenen Ermessenserwägungen über den Antrag auf Erteilung einer Börsenerlaubnis – auch jenseits einer Bedürfnisprüfung – übertragen. Aus Art. 56 AEUV folgt nämlich ein individuelles europarechtliches subjektives Recht eines jeden Dienstleisters gegen den EU-Mitgliedstaat, das nicht dadurch ausgehebelt werden darf, dass man seine Ausübung unter einen Ermessensvorbehalt nationalen Rechts dieses Staates stellt.[92] Mithin stellt auch die von der im Schrifttum herrschenden Meinung aus dem deutschen Staatsorganisationsrecht abgeleitete Rechtslage, die eine Ermessensentscheidung über einen Antrag gemäß § 4 Abs. 2 BörsG erlaubt, eine europarechtlich unzulässige Behinderung der Dienstleistungsfreiheit eines Antragstellers dar, der Börsendienstleistungen auch EU-ausländischen Handelsteilnehmern und Emittenten anbieten will. Da das europarechtliche Behinderungsverbot aus Art. 56 AEUV auch das Verfassungsrecht der Mitgliedstaaten verdrängt,[93] besitzt der Antragsteller, weil die Börsenaufsichtsbehörde folglich keine Ermessenserwägungen anstellen darf, einen Anspruch auf Erteilung der Börsenerlaubnis, wenn er die nach Art. 36 ff. MiFID bzw. nach § 4 BörsG bestehenden Zulassungsvoraussetzungen erfüllt.

Diese Feststellung ist nun von großer Bedeutung, weil ein Verwaltungsakt, auf den ein Anspruch besteht, nur dann mit einer Nebenbestimmung versehen werden darf, wenn sie durch Rechtsvorschrift zugelassen ist oder wenn sie sicherstellen soll, dass die gesetzlichen Voraussetzungen des Verwaltungsakts er-

---

91 EuGH EuZW 2009, 298, 300.
92 Hammen, Börsen und multilaterale Handelssysteme im Wettbewerb, S. 50.
93 Vgl. EuGH Slg. 1996, I-3207, Rn. 37, 38; Bieber/Epiney/Haag, Die Europäische Union, 9. Aufl. 2011, § 3 S. 110 f.

füllt werden (§ 36 Abs. 1 VwVfG). Ein Beispiel für die erstgenannte Alternative in § 36 Abs. 1 VwVfG auf dem Gebiet der Erlaubnistatbestände im Bereich des Finanzrechts ist auch die Bestimmung in § 39 Abs. 3 KWG, die es gestattet, die Erlaubnis, Bankgeschäfte zu betreiben (§ 32 KWG), mit einer Nebenbestimmung zu verbinden, durch die es untersagt wird, die Bezeichnungen „Bank" oder „Bankier" als Firmenbestandteile zu führen.[94] Fehlt eine derartige fachgesetzliche Ermächtigung, folgt aus einem Umkehrschluss aus § 36 Abs. 1 Alt. 1 VwVfG, dass der Erlass einer Nebenbestimmung – vorbehaltlich der Regelung in § 36 Abs. 1 Alt. 2 VwVfG – ausgeschlossen ist.[95] So verhält es sich bei der Genehmigung einer Börse, weil das Börsengesetz an keiner Stelle, insbesondere nicht in § 4 BörsG, die Ergänzung der Börsenerlaubnis um eine Nebenbestimmung erlaubt.[96]

Eine Nebenbestimmung über die Zusammensetzung des Aktionariats des Börsenträgers wäre auch nicht geeignet sicherzustellen, dass die gesetzlichen Voraussetzungen der Börsenerlaubnis erfüllt werden. Die Befugnis zur Versehung eines Verwaltungsakts mit einer Nebenbestimmung gemäß der zweiten Alternative in § 36 Abs. 1 VwVfG dient der Ausräumung anspruchshindernder Versagungsgründe. Die Beifügung einer Nebenbestimmung bildet als ein Minus ein aus Gründen der Verhältnismäßigkeit des Verwaltungshandelns bereitstehendes milderes Mittel gegenüber einer sonst gebotenen Ablehnung des Verwaltungsakts wegen Fehlens seiner tatbestandlichen Voraussetzungen.[97] Auf die Befugnisnorm in § 36 Abs. 1 Alt. 1 BörsG könnte sich die Börsenaufsichtsbehörde aus drei Gründen nicht stützen. Erstens wäre eine Nebenbestimmung mit dem geschilderten Inhalt, wenn man sie als auflösende Bedingung begreifen wollte, unzulässig, weil erst in der Zukunft wirkende auflösende Bedingungen den Eintritt der gesetzlichen Voraussetzungen des Verwaltungsakts eben nicht „sicherstellen", sondern zum Wegfall des Verwaltungsakts führen, ohne dass diese Voraussetzungen eintreten.[98] Zweitens ermächtigt § 37 Abs. 1 Alt. 2 VwVfG bei Dauer-Verwaltungsakten wie der Börsenerlaubnis nicht zu Nebenbestimmungen, die sicherstellen sollen, dass die Voraussetzungen für den Erlass des Verwaltungsakts auch zukünftig erfüllt bleiben,[99] weil der zukünftige Entfall

---

94 Luz/Neus/Scharpf/Schneider/Weber(Hrsg.)/Schmid, KWG, 2009, § 39 Rn. 23.
95 Stelkens/Bonk/Sachs, VwVfG, 7. Aufl. 2008, § 36 Rn. 116.
96 Deshalb hat der Finanzausschuss im Frühjahr 2013 vorgeschlagen, einen § 4 Abs. 5 a S. 1 BörsG zu schaffen, der es der Börsenaufsichtsbehörde erlaubt, die Börsenerlaubnis mit Auflagen zu versehen, soweit dies erforderlich ist, um die Erlaubnisvoraussetzungen sicherzustellen (BT-Drucks. 17/12536, S. 8, 32).
97 BVerwG DVBl. 1988, 299; Knack/Hennecke, VwVfG, § 36 Rn. 18.
98 Stelkens/Bonk/Sachs, VwVfG, § 36 Rn. 129.
99 BVerwGE 60, 269, 276 f.

dieser Voraussetzungen nach § 49 Abs. 2 Nr. 3 VwVfG behandelt werden muss.[100] Und drittens kann auch keine Rede davon sein, eine Nebenbestimmung der geschilderten Art könne sicherstellen, dass die gesetzlichen Voraussetzungen der Börsenerlaubnis erfüllt werden. Im Mittelpunkt der Prüfung dieser Voraussetzungen durch die Börsenaufsichtsbehörde haben vielmehr Gesichtspunkte wie insbesondere die Frage nach einer gesicherten Bereitstellung der Mittel für den ordnungsgemäßen Betrieb der Börse zu stehen.[101]

Börsen sind Märkte besonderer Art.[102] Deshalb unterlagen die Börse bzw. ihr Träger seit alters her der Staatsaufsicht als Börse und als bloßer Markt.[103] Nach allgemeinem Marktrecht war und ist es Voraussetzung für die öffentlich-rechtliche Anerkennung als Markt, dass der Marktbetreiber zuverlässig ist. Nach geltendem Börsenrecht gilt materiell nichts anderes. Nach § 4 Abs. 2 BörsG ist es Voraussetzung für die Erteilung der Börsenerlaubnis, dass die Erfüllung der Betriebspflicht sichergestellt sein muss und dass die geschäftsleitenden Personen des Börsenträgers und die Inhaber bedeutender Beteiligungen an dem Träger zuverlässig sind. Mit allen diesen bei der Erteilung der Börsenerlaubnis zu prüfenden Anforderungen an den Börsenträger und seine geschäftsleitenden Personen hat eine Nebenbestimmung über die Zusammensetzung des Aktionariats des Börsenträgers nichts zu tun. Sie betrifft weder die Erfüllung der Betriebspflicht noch die Zuverlässigkeit des Trägers selbst oder seiner geschäftsleitenden Personen. Vielmehr geht es in der Sache lediglich um die Sicherung der Unabhängigkeit der betreffenden Börse und ihres Trägers, die allerdings nicht zu den Genehmigungsvoraussetzungen gehört. Dass diese Unabhängigkeit nicht zu den Genehmigungsvoraussetzungen zählen kann, folgt aus der Vorschrift in § 6 Abs. 1 S. 6 BörsG, in welcher vorausgesetzt ist, dass der Erwerb einer Beteiligung von mehr als 50 % des Kapitals des Trägers und sogar der Kontrolle über den Träger grundsätzlich ohne weiteres zulässig ist. Deshalb könnte eine Nebenbestimmung mit dem genannten Inhalt weder auf die Bestimmung in § 36 Abs. 1 Alt. 1 VwVfG noch auf diejenige in § 36 Abs. 1 Alt. 2 VwVfG gestützt werden.

---

100 Stelkens/Bonk/Sachs, VwVfG § 36 Rn. 122.
101 Vgl. Schwark/Zimmer/Beck, KMRK, § 4 BörsG, Rn. 11.
102 Baumbach/Hopt, HGB, BörsG Einl. Rn. 5; Hammen, Börsen und multilaterale Handelssysteme im Wettbewerb, S. 40.
103 Baumbach/Duden/Hopt, HGB, 24. Aufl. 1980, BörsG Einleitung, S. 1401 unter 1) A. und C.

bbb. Rechtswidrigkeit der Nebenbestimmung bei Fehlen eines Anspruchs auf Erteilung der Börsenerlaubnis

Aber auch wenn man annehmen wollte, der Antragsteller besitze keinen Anspruch auf Erteilung der Börsenerlaubnis, ist eine Nebenbestimmung über die Zusammensetzung des Aktionariats des Börsenträgers rechtswidrig. Zwar darf, wenn ein Antragsteller keinen Anspruch auf Erlass eines Verwaltungsaktes, sondern lediglich einen Anspruch auf einen Ermessensentscheid der Behörde hierüber hat, die Behörde den Verwaltungsakt, wenn sie sich entscheidet, ihn zu erlassen, mit einer Nebenbestimmung versehen. Die Entscheidung über die Beifügung einer Nebenbestimmung steht der Behörde indes keineswegs frei, sondern muss sich in den Grenzen pflichtgemäßen Ermessens bewegen (§ 36 Abs. 2 VwVfG). Dabei muss die Nebenbestimmung sachbezogen und sachgerecht sein und ihre Rechtfertigung im Zweck des Gesetzes und der vom Gesetzgeber gewollten Ordnung der Materie finden.[104] Gemäß § 36 Abs. 3 VwVfG muss „der Zweckzusammenhang zwischen Hauptregelung und Nebenbestimmung" „derart sein, dass" die Nebenbestimmung „die Schaffung oder Beseitigung von Umständen zum Ziel" hat, „deren Fehlen bzw. Vorhandensein die Verwaltung sonst zwingen oder im Rahmen des ihr zukommenden Ermessensspielraums berechtigen würde, die in der Hauptsache in Betracht kommende Regelung zu versagen oder mit einem für die Betroffenen ungünstigeren Inhalt zu treffen".[105]

Eine Nebenbestimmung der geschilderten Art genügt diesen Anforderungen in zweierlei Hinsicht nicht. Sie widerspricht erstens der vom Gesetzgeber geschaffenen Ordnung des Börsenrechts, weil sie dem Börsenträger einen indirekten Zwang zu einer bestimmten Organisationsform aufgibt, obgleich das Börsengesetz dem Börsenträger uneingeschränkte Organisationsfreiheit gelassen hat (unten (1)). Und sie umgeht in rechtswidriger Weise die Vorschriften über die Anteilseignerkontrolle, indem sie der Sache nach auf eine „mengenmäßige" Beteiligungskontrolle hinausläuft, die nach § 6 BörsG unzulässig ist (unten (2)).

(1) Wirtschaftliche Unternehmungen, insbesondere Banken und Finanzdienstleister, besitzen grundsätzlich die Freiheit und das Recht, sich so zu organisieren, wie es ihnen am zweckdienlichsten erscheint (wirtschaftliche Organisationsfreiheit). Insbesondere dürfen sie sich jeder gesetzlich zugelassenen Rechtsform bedienen und sie dürfen die gewählte Rechtsform inhaltlich nach ihren Bedürfnissen ausgestalten, soweit das Gesetz dies zulässt (vgl. etwa § 23 Abs. 5 AktG). Einschränkungen dieser Freiheit bedürfen einer gesetzlichen

---

104 BVerwG NJW 1977, 449; DVBl. 1982, 307; Knack/Hennecke, VwVfG, § 36 Rn. 26.
105 Bader/Ronellenfitsch, VwVfG, 2010, § 36 Rn. 22; Kopp/Ramsauer, VwVfG, 10. Aufl. 2008, § 36 Rn. 56.

Grundlage und einer verfassungsrechtlichen Rechtfertigung.[106] Spezialgesetzliche Beschränkungen der Organisationsfreiheit im Finanzrecht finden sich beispielsweise in § 2 b Abs. 1 KWG, wonach Kreditinstitute nicht in der Rechtsform des Einzelkaufmanns begründet werden dürfen, und in § 2 Abs. 1 BauSparkG, wonach Bausparkassen in der Rechtsform der Aktiengesellschaft betrieben werden müssen. Dem Börsenrecht ist ein solcher Rechtsformzwang fremd. Börsenträger sind oder waren als eingetragene Vereine, Aktiengesellschaften, Gesellschaften mit beschränkter Haftung, ja sogar als Industrie- und Handelskammer organisiert, ohne dass die Börsenaufsichtsbehörde jemals gegen die Wahl einer Rechtsform eingeschritten wäre oder hätte einschreiten dürfen. Wählt nun ein Börsenträger die Rechtsform der Aktiengesellschaft, setzt sich seine Organisationsfreiheit dahingehend fort, dass es ihm obliegt zu entscheiden, ob die Aktiengesellschaft in der Subform der börsennotierten Aktiengesellschaft (vgl. § 3 Abs. 2 AktG) geführt wird oder nicht. Auch die Freiheit, den organisierten Kapitalmarkt zu nutzen, besteht unbeschränkt, soweit sie nicht gesetzlich ausgeschlossen ist. Ein Beispiel für einen solchen gesetzlichen Ausschluss bietet die Vorschrift in Art. 23 der Verordnung (EWG) Nr. 2137/85 über die Schaffung einer Europäischen wirtschaftlichen Interessenvereinigung, nach der sich die Vereinigung nicht öffentlich an den Kapitalmarkt wenden darf.

Beim Börsenträger fehlt eine solche Beschränkung. Mithin darf ein Börsenträger beispielsweise die Zulassung seiner Aktien zum Börsenhandel betreiben, ohne dass ihn die Börsenaufsichtsbehörde daran hindern kann. Deshalb hat die hessische Börsenaufsichtsbehörde auch völlig zu Recht im Jahre 2001 den Börsengang der Deutsche Börse AG unbeanstandet passieren lassen. Wollte eine Börsenaufsichtsbehörde einen Börsenträger mittels einer Nebenbestimmung beispielsweise zu einer breiten Streuung seines Aktienkapitals zwingen, würde sie sich nicht nur in Widerspruch zum deutschen Aktien- und Kapitalmarktrecht setzen, dem ein fortdauerndes Gebot zur breiten Streuung des Aktienkapitals fremd ist.[107] Sie würde im Falle der Deutsche Börse AG als Börsenträger damit auch deren Organisationsfreiheit verletzen, weil die Deutsche Börse AG nach ihrem Börsengang, der unter Aufhebung der bis dahin bestehenden Vinkulierung ihrer Aktien erfolgt ist,[108] ohne dass die Behörde hiergegen Einwände erhoben hat, nicht gehindert werden darf, Maßnahmen zu ergreifen, die zur Änderung in

---

106 Hammen ZHR 160 (1996), S. 133 ff.
107 Die „ausreichende Streuung", die nach § 9 BörsZulVO bei der Börsenzulassung erforderlich ist, steht nicht entgegen, weil sie Mehrheitsbeteiligungen ohne weiteres zulässt und überdies Übernahmen keineswegs verhindert.
108 Hammen, in: H. Hammen (Hrsg.), Interessenkonflikte beim Börsengang von Börsen, 2009, S. 13, 25.

der Zusammensetzung ihres Aktionariats mit dem Resultat führen können, dass der Börsenträger profitabler wird.

(2) Zudem überschritte die Beifügung einer Nebenbestimmung der beschriebenen Art die nach § 36 Abs. 2 VwVfG zulässigen Erwägungen pflichtgemäßen Ermessens, weil durch ihren Erlass die Vorschriften über die Anteilseignerkontrolle in unzulässiger Weise umgangen werden. Diese Feststellung ist aus einer Zusammenschau der Vorschriften über die Erteilung und die Beendigung der Börsenerlaubnis und der Bestimmung über die Anteilseignerkontrolle zu entwickeln. Dabei ist zu bemerken, dass die Aufhebung der Börsenerlaubnis oder eine anders geartete Beendigung, etwa durch Eintritt einer auflösenden Bedingung, keineswegs in das Belieben der Börsenaufsichtsbehörde gestellt sind. Vielmehr muss sich die Behörde, auch wenn man ihr bei der Herbeiführung des Endes der Börsenerlaubnis einen Ermessensspielraum einräumen will, bei allem, was sie mit Blick auf dieses Ende unternimmt, im Rahmen des systematischen Gefüges der börsenrechtlichen Vorschriften halten. An dieser Stelle ist nun noch einmal in Erinnerung zu rufen, dass die Bestimmungen über die Anteilseignerkontrolle als spezielleres Recht den Regelungen über die Beendigung der Börsenerlaubnis vorgehen: Nach § 4 Abs. 5 S. 1 Nr. 2 BörsG kann die Börsenaufsichtsbehörde die einem Börsenträger nach § 4 Abs. 1 BörsG erteilte Erlaubnis zum Betrieb einer Börse aufheben, wenn ihr Tatsachen bekannt werden, welche gemäß § 4 Abs. 3 BörsG die Versagung einer Erlaubnis rechtfertigen würden. Nach § 4 Abs. 3 Nr. 3 BörsG – der einzigen Alternative in diesem Absatz, die Eigentümer des Trägers betrifft – ist die Erlaubnis zu versagen, wenn der Inhaber einer bedeutenden Beteiligung nicht zuverlässig ist oder aus anderen Gründen nicht den im Interesse einer soliden und umsichtigen Führung des Trägers einer Börse zu stellenden Ansprüchen genügt. Die Bestimmung setzt also ihrem Wortlaut nach voraus, dass der Unzuverlässige bereits Anteilsinhaber ist. Dies gilt deshalb auch im Anwendungsbereich von § 4 Abs. 5 S. 1 Nr. 2 BörsG. Für eine Ausdehnung von § 4 Abs. 5 S. 1 Nr. 2 BörsG auf Fälle geplanten Anteilserwerbs besteht keinerlei Notwendigkeit, weil das Börsengesetz der Börsenaufsichtsbehörde ein hierauf speziell zugeschnittenes Instrument – die Anteilseignerkontrolle – an die Hand gegeben hat. Die Behörde kann gemäß § 6 Abs. 2 S. 1 BörsG nämlich den Erwerb einer bedeutenden Beteiligung an einem Börsenträger untersagen und zwar aus denselben Gründen (vgl. § 6 Abs. 2 S. 1 Nr. 1 BörsG) wie denjenigen (§ 4 Abs. 5 S. 1 Nr. 2 BörsG), die die Aufhebung einer Börsenerlaubnis rechtfertigen. Sie hat es also in der Hand, durch Untersagung des geplanten Anteilserwerbs eines unzuverlässigen Investors den Eintritt einer Situation zu verhindern, die eine Aufhebung der Börsengenehmigung rechtfertigen würde. Mithin ist die Anteilseignerkontrolle einem Entzug der Börsenkon-

zession vorgreiflich.[109] Hiernach darf die Behörde, wenn es um Fragen einer Veränderung des Aktionariats eines Börsenträgers geht, in keinem Fall Instrumente zur Beendigung der Börsenerlaubnis einsetzen. Vielmehr ist sie auf das Instrument der Anteilseignerkontrolle beschränkt. Dieses Instrument erlaubt die Untersagung eines Erwerbs von Anteilen an einem Börsenträger nur unter eng gefassten Voraussetzungen, die übrigens industriepolitische Erwägungen ausschließen. Wenn nun schon ein geplanter Erwerb wegen Fehlens dieser Voraussetzungen nicht untersagt werden kann, ist die Aufhebung der Börsenerlaubnis – das ergibt ein Erst-recht-Schluss aus der Vorgreiflichkeit der Anteilseignerkontrolle vor der Aufhebung der Börsenerlaubnis – schon gar nicht zulässig. Anderenfalls könnte nämlich der Umstand, dass eine Anteilseignerkontrolle nur in einem beschränkten Umfang zulässig ist, durch eine Aufhebung der Börsenerlaubnis wegen Anteilserwerbs ausgehebelt werden. Dieses wirkt nun auf die Beifügung von Nebenbestimmungen bei der Erteilung einer Börsenerlaubnis vor. Es darf sich nämlich die Börsenaufsichtsbehörde keineswegs durch die Beifügung einer auflösenden Bedingung zu dieser Erlaubnis gleichsam auf Vorrat die Möglichkeit, bei bestimmten Veränderungen des Aktionariats des Börsenbetreibers die Börsenerlaubnis zu einem Ende zu bringen, verschaffen, soweit sie eine nachträgliche Aufhebung der Börsenerlaubnis wegen solcher Veränderungen nicht verfügen dürfte. Eine nachträgliche Aufhebung der Börsenerlaubnis beispielsweise wegen einer Übernahme eines Börsenträgers scheidet aus, weil schon eine nach der vorrangig vorzunehmenden Anteilseignerkontrolle abstrakt mögliche Untersagung eines solchen Beteiligungserwerbs nicht in Frage kommt. Der Umstand, dass im Zuge einer Übernahme eines Börsenträgers ein bis dahin bestehender Streubesitz zu einem erheblichen Teil bei dem Übernehmer konzentriert würde, rechtfertigt eine Untersagungsverfügung in keinem Fall, weil es in § 6 Abs. 1 S. 6 BörsG als grundsätzlich rechtlich zulässig vorausgesetzt ist, dass ein interessierter Erwerber mehr als 50 % der Anteile an dem Börsenträger erwirbt, ja sogar ihn unter seine Kontrolle bringt. Mögen daher andersgelagerte Nebenbestimmungen einer Börsenerlaubnis gemäß § 36 Abs. 2 VwVfG hinzugefügt werden können, so gilt das jedenfalls nicht für eine Nebenbestimmung über die Zusammensetzung des Aktionariats des Börsenträgers, die eine solche Übernahme verhindern soll.

---

109 Ähnlich Christoph, Börsenkooperationen und Börsenfusionen, S. 223 f.; Lepczyk, Rechtliche Aspekte internationaler Börsenfusionen, S. 189.

bb. Europarechtswidrigkeit der Nebenbestimmung

Eine derartige Nebenbestimmung würde ferner in bestimmten Konstellationen das Niederlassungsrecht eines EU-ausländischen Übernehmers aus Art. 49 AEUV verletzen. Diese Vorschrift gibt den in der EU ansässigen Gesellschaften (Art. 54 AEUV) das Recht zur Aufnahme und Ausübung selbstständiger Erwerbstätigkeiten sowie zur Gründung und Leitung von Unternehmen insbesondere von Gesellschaften (Art. 49 Abs. 2 AEUV). Art. 49 AEUV richtet sich im Ausgangspunkt an den Aufnahmemitgliedstaat („eines anderen Mitgliedstaats", Art. 49 Abs. 1 AEUV), also an den Staat, in dem eine in der EU ansässige Gesellschaft aus einem anderen EU-Mitgliedstaat von ihrem Niederlassungsrecht Gebrauch machen will, im vorliegenden Zusammenhang also an Deutschland, wenn eine EU-ausländische Gesellschaft im Wege der Übernahme beispielsweise etwa 75 % der Anteile einer in Deutschland ansässigen Gesellschaft (eines Börsenträgers) erwerben will. Dabei bildet Art. 49 AEUV keinesfalls lediglich einen irgendwie unverbindlichen Programmsatz, sondern gibt als unmittelbar in den Mitgliedstaaten geltendes und dem nationalen Recht vorgehendes Gemeinschaftsrecht dem Niederlassungswilligen ein eigenes subjektives Recht, das direkt gegenüber allen staatlichen Stellen – gleichgültig ob der grundfreiheitsbeschränkende Akt vom Gesetzgeber, von einem Gericht oder einer Verwaltungsbehörde ausgeht – des betreffenden Mitgliedstaats geltend gemacht werden kann.[110]

Nach der das Niederlassungsrecht garantierenden Vorschrift in Art. 49 AEUV bedingt das Recht zur Aufnahme selbstständiger Erwerbstätigkeit und zur Leitung von Unternehmen, dass Beschränkungen der „Gründung" von Tochtergesellschaften im Aufnahmemitgliedstaat „verboten" sind (Art. 49 Abs. 1 AEUV). Zwar möchte ein Übernehmer keineswegs eine Tochtergesellschaft in Deutschland gründen, sondern eine bereits existierende Gesellschaft übernehmen. Das ändert freilich an der Anwendbarkeit von Art. 49 AEUV nichts. Denn Art. 55 AEUV schreibt in Ergänzung von Art. 49 Abs. 1 AEUV den Mitgliedstaaten vor, die Staatsangehörigen der anderen Mitgliedstaaten hinsichtlich ihrer Beteiligung am Kapital von Gesellschaften den eigenen Staatsangehörigen gleichzustellen. Ein solcher Erwerb findet auch statt, wenn der Erwerber die Gesellschaft im Aufnahmestaat übernehmen will.[111] Denn auch eine Übernahme ist nichts anderes als der Erwerb von Anteilen an der betreffenden Gesellschaft. Mithin besitzt der Erwerber die Freiheit zu wählen, in welcher Höhe er einen Anteil erwerben will. Dass Übernahmen dem Niederlassungsrecht unterfallen,

---

110 Streinz/Müller-Graff, EUV/AEUV, 2. Aufl. 2012, Art. 49 AEUV Rn. 2, 34 m.w.N.
111 Vgl. Streinz/Müller-Graff, EUV/AEUV, Art. 55 AEUV Rn. 3.

wird zudem aus dem Umstand deutlich, dass das europäische Sekundärrecht, nämlich die Richtlinie 2004/25/EG betreffend Übernahmeangebote auf Art. 44 EGV a.f. (Art. 50 AEUV), also auf eine Vorschrift gestützt worden ist, die der Verwirklichung der Niederlassungsfreiheit dient. Übernahmen über Grenzen der EU-Mitgliedstaaten hinweg sind mithin Niederlassungsvorgänge, die von den Aufnahmestaaten, den Staaten, in denen die Zielgesellschaft sitzt, im Grundsatz nicht beschränkt werden dürfen.

Nun mag eingewandt werden, eine Nebenbestimmung über die Zusammensetzung des Aktionariats eines Börsenträgers beschränke den Niederlassungsvorgang selbst, die Übernahme des Börsenträgers durch die EU-ausländische Gesellschaft, in keiner Weise, weil sie den Erwerbsvorgang als solchen unberührt lasse, ihn insbesondere nicht verbiete, sich nicht einmal an die EU-ausländische Gesellschaft richte, sondern lediglich das börsenrechtliche Verhältnis zwischen dem Träger der Börse und der Börsenaufsichtsbehörde betreffe. Eine solche Sichtweise würde indes die Reichweite des durch Art. 49 AEUV geschützten Niederlassungsrechts unzulässig verkürzen. Das ist aus der Rechtsprechung des EuGH zur Funktionsweise der Grundfreiheiten zu entwickeln. Ziel der die Europäischen Gemeinschaften bzw. die EU begründenden Verträge war ursprünglich – heute sind[112] weitere Politikbereiche hinzugetreten – die Schaffung eines gemeinsamen Marktes. Dieses Ziel sollte insbesondere durch ein Verbot der Diskriminierung von EU-Ausländern im Aufnahmemitgliedstaat erreicht werde. Noch heute heißt es an prominenter Stelle, nämlich in Art. 18 Abs. 1 AEUV, Diskriminierungen aus Gründen der Staatsangehörigkeit seien verboten. EU-Ausländer sind mithin in bestimmten Grenzen (vgl. z.B. Art. 51 AEUV) den Bürgern des Aufnahmestaates gleichzubehandeln. Diesen Ansatz verfolgt im Ausgangspunkt auch die Bestimmung über die Niederlassungsfreiheit in Art. 49 AEUV. Denn sie gewährt EU-Ausländern das Recht zur Aufnahme selbständiger Erwerbstätigkeit nach den Bestimmungen des Aufnahmestats „für seine eigenen Angehörigen" (Art. 49 Abs. 2 AEUV a.E.). Über diese Interpretation der Grundfreiheiten ist die Rechtsprechung des EuGH freilich schon früh hinausgegangen. Seit vielen Jahren entnimmt sie den Grundfreiheiten auch ein Beschränkungsverbot, im Anwendungsbereich von Art. 49 AEUV das Verbot, den Niederlassungsvorgang zu beschränken bzw. zu behindern, gleichgültig, ob die Beschränkung, etwa eine Höchstgrenze für einen Anteilserwerb,[113]

---

112 Man vergleiche etwa die Ausdehnung der Kompetenzergänzungsklausel in Art. 308 EGV a.F. („im Rahmen des Gemeinsamen Marktes") in Art. 352 Abs. 1 AEUV („im Rahmen der in den Verträgen festgelegten Politikbereiche").
113 Oder umgekehrt eine Mindestbeteiligung von wenigstens 50 % (EuGH Slg. 2005, I – 3177). – Eine Beschränkung der Niederlassungsfreiheit ist auch ein Erfordernis des

auch gegenüber den Staatsangehörigen des Aufnahmestaats gilt, also nicht diskriminierend wirken kann – und zwar selbst dann, wenn die Beschränkung bloß geringfügig oder unbedeutend ist.[114] Rechtfertigen lässt sich diese Rechtsprechung im Anwendungsbereich der Niederlassungsfreiheit mit dem Hinweis auf den Wortlaut von Art. 49 Abs. 1 AEUV, wonach „die" Beschränkungen, also alle Beschränkungen dieser Freiheit, auch wenn sie gleichermaßen Inländer treffen können, EU-Ausländern gegenüber verboten sind.

Freilich berührt diese Erweiterung der Niederlassungsfreiheit eine Nebenbestimmung über die Zusammensetzung des Aktionariats eines Börsenträgers nicht unmittelbar, weil eine solche Nebenbestimmung den Erwerb von Anteilen an einem Börsenträger keineswegs beschränkt, vielmehr die zivilrechtliche Wirksamkeit eines Anteilserwerbs in welcher Höhe auch immer gänzlich unberührt lässt, also nur die dem Börsenträger erteilte Börsenerlaubnis betreffen soll. Deshalb ist nunmehr in den Blick zu nehmen, dass der EuGH auch das Beschränkungsverbot noch einmal ein Stück weit ausgedehnt hat. Nach seiner ständigen Rechtsprechung ist es den EU-Mitgliedstaaten nicht nur verboten, Niederlassungsvorgänge zu beschränken, sondern es ist ihnen auch nicht erlaubt, solche Vorgänge sonstwie zu behindern oder weniger attraktiv zu machen.[115] Dieses Verbot betrifft auch Behinderungen, selbst wenn sie bloß geringfügig sind.[116] Es erstreckt sich sogar auf staatliche Maßnahmen, die den Niederlassungsvorgang zwar nicht unmittelbar betreffen, aber an ihn anknüpfen,[117] indem sie diesen Vorgang, auch wenn er als solcher rechtlich wirksam vollzogen werden kann, dann aber wegen der mit der staatlichen Maßnahme verbundenen Rechtsfolgen wirtschaftlich uninteressant werden lassen. Eine solche Maßnahme ist eine Nebenbestimmung der geschilderten Art. Denn wenn sie anknüpfend an eine infolge des Erwerbs eines Börsenträgers durch eine EU-ausländische Gesellschaft sich verändernde Zusammensetzung des Aktienkapitals die Börsenerlaubnis des Börsenträgers entfallen lässt, beraubt sie diesen Erwerb seines Sinnes, mittels Leitung des erworbenen Unternehmens eine selbstständige Erwerbstätigkeit auszuüben (vgl. Art. 49 Abs. 2 AEUV), nämlich – mittelbar – eine Börse zu betreiben. Indem sie mithin die Attraktivität dieses Niederlassungsvorgangs entfal-

---

Aufnahmemitgliedstaats, ein Unternehmen in einer bestimmten Rechtsform (Aktiengesellschaft) zu betreiben, oder die Verpflichtung, den Sitz im Inland zu haben (EuGH EuZW 2010, 821, 822 Rn. 28 (m.w.N.), 32; Slg. 2006 I – 963).

114 EuGH NJW 2003, 3331, 3333 Rn. 101; ZIP 2004, 662, 664 Rn. 43; Calliess/Ruffert/Bröhmer, EUV/AEUV, 4. Aufl. 2011, Art. 49 AEUV Rn. 19 ff.
115 EuGH AG 2011, 81, 83.
116 EuGH ZIP 2004, 644.
117 EuGH ZIP 2004, 644.

len lässt, beschränkt sie die Niederlassungsfreiheit der EU-ausländischen Gesellschaft in unzulässiger Weise. Da die durch eine solche Nebenbestimmung geschaffene Rechtslage mit dem europäischen Recht unvereinbar ist, müssen die staatlichen Organe Deutschlands die Nebenbestimmung so weit unangewendet lassen, dass die EU-ausländische Gesellschaft durch Übernahme des Trägers einer Börse unbehindert von ihrer nach Art. 49 AEUV garantierten Freiheit Gebrauch machen kann, mittels Beteiligung an dem Börsenträger eine selbstständige Erwerbstätigkeit auszuüben.

3. Enumeration der Untersagungsgründe

Beleuchtet man nun mit Blick auf die geplant gewesene Fusion der Deutsche Börse AG mit der NYSE Euronext Inc. das aufsichtsrechtliche Instrument der Anteilseignerkontrolle in § 6 Abs. 2 BörsG näher, ist zunächst eine rechtsmethodische Bemerkung angebracht. Die der Börsenaufsichtsbehörde obliegende Anteilseignerkontrolle nach der genannten Vorschrift eröffnet der Behörde keineswegs unbegrenzte Beurteilungsspielräume, sondern zwingt sie zu streng tatbestandsgebundener Rechtsanwendung. Das folgt aus einem Vergleich dieses Kontrollinstruments mit der Missstandskontrolle nach § 3 Abs. 5 S. 2 BörsG. Um Missverständnissen vorzubeugen: Das letztgenannte aufsichtsrechtliche Instrument betrifft den Börsenträger und seine Anteilseigner in keiner Weise. Adressat der Kontrolle sind nämlich nur die „Börse und" die „Handelsteilnehmer". Gleichwohl soll auf dieses Instrument kurz eingegangen werden, weil die Besonderheiten seiner tatbestandlichen Ausgestaltung deutlich werden lassen, dass die Menge der Gründe, die der Behörde eine Untersagung gemäß § 6 Abs. 2 BörsG erlauben, keineswegs unbegrenzt ist, also nicht jedes börsenpolitische Argument ausreicht, um den Erwerb von bedeutenden Beteiligungen an einem Börsenträger verbieten zu können. Gemäß der Bestimmung in § 3 Abs. 5 S. 2 BörsG kann die Börsenaufsichtsbehörde gegenüber der Börse und den Handelsteilnehmern Anordnungen treffen, die geeignet und erforderlich sind, Missstände zu beseitigen, welche die ordnungsgemäße Durchführung des Handels an der Börse, der Börsengeschäftsabwicklung oder deren Überwachung beeinträchtigen können. Eine solche Missstandsaufsicht eröffnet einer Behörde denkbar weite Spielräume. Denn sie gibt – in rechtlich bedenklicher, gleichwohl bindender Weise – der Aufsichtsbehörde die Möglichkeit, den Aufsichtsbereich und die Fälle eines Missstands abschließend gegenständlich selbst zu bestimmen.[118] Mit

---

118 Dreher VersR 1993, 1443, 1444; ders. WM 1995, 509, 510, 511; Hammen WM 2001, 929, 932.

Regelungen wie derjenigen in § 3 Abs. 5 S. 2 BörsG überträgt der Gesetzgeber der Aufsichtsbehörde die Kompetenz, gesetzlich nicht fixierte Missstände zu verfolgen.[119]

Stellt man nun den Wortlaut von § 3 Abs. 5 BörsG demjenigen von § 6 Abs. 2 BörsG vergleichend gegenüber, erweist sich, dass die Börsenaufsichtsbehörde keineswegs das Recht hat, Fallgruppen untersagbaren Anteilserwerbs selbst zu bilden. Während nämlich § 3 Abs. 5 BörsG tatbestandlich weit sämtliche Missstände umfasst, die die ordnungsgemäße Durchführung des Handels an der Börse beeinträchtigen können, ist die Anteilseignerkontrolle nicht generalklauselartig ausgestaltet, sondern auf zwei gesetzlich präzis umrissene Tatbestandsalternativen eingegrenzt, die die Börsenaufsichtsbehörde wegen ihrer Bindung an das Gesetz (Art. 20 Abs. 3 GG) keinesfalls im Wege erweiternder Auslegung auf andere in § 6 Abs. 2 BörsG nicht geregelte Fallgruppen erstrecken darf.

Die Untersagungsgründe, die in § 6 Abs. 2 S. 1 Nr. 1 und Nr. 2 BörsG aufgeführt werden, sind auch nicht etwa bloße Regelbeispiele, denen die Aufsichtsbehörde weitere Gründe an die Seite stellen dürfte, sondern sie sind dort abschließend aufgelistet. Das folgt aus einem Vergleich dieser Vorschrift mit der Bestimmung in § 4 Abs. 3 BörsG. In § 4 Abs. 3 BörsG sind Gründe aufgeführt, die die Versagung einer Börsenerlaubnis rechtfertigen. Diese Aufzählung ist freilich nicht enumerativ. Das kann aus der Wendung „... ist insbesondere zu versagen ..." hergeleitet werden. Das in dieser Wendung enthaltene Wort „insbesondere" ist nämlich keineswegs belanglos. Vielmehr fehlte es in dem Regierungsentwurf für das Finanzmarkt-Richtlinie-Umsetzungsgesetz[120], mit dem das Börsengesetz grundlegend neu gefasst worden ist. Eingefügt wurde es erst auf Initiative des Finanzausschusses, um die Aufzählung von Versagungsgründen in § 4 Abs. 3 BörsG zu einer nicht abschließenden Liste von Regelbeispielen werden zu lassen und damit der Börsenaufsichtsbehörde eine „größere Flexibilität" bei der Prüfung von Erlaubnisanträgen einzuräumen.[121] Da in § 6 Abs. 2 BörsG dieses „insbesondere" nicht zu finden ist, besitzt die Aufsichtsbehörde bei der Anteilseignerkontrolle solche Flexibilität nicht, sondern ist an die Untersagungsgründe in Nr. 1 und Nr. 2 dieser Vorschrift streng gebunden.[122]

---

119 Dreher WM 1995, 509, 511.
120 Vgl. BT-Drucks. 16/4028, S. 27.
121 BT-Drucks. 16/4899, S. 13.
122 In der Parallelvorschrift des § 2 c KWG ist dies, obgleich es auch dort nach der Abfassung von § 2 c Abs. 1 b S. 1 und S. 2 KWG eigentlich selbstverständlich ist, in Umsetzung von Art. 5 RL 2007/44/EG (Art. 19 Abs. 8 RL 2006/48/EG) noch einmal ausdrücklich gesagt (§ 2 c Abs. 1 b S. 5 Hs. 2 KWG i.d.F. des Gesetzes v. 12.3.2009,

4. Unmaßgebliche Umstände bei der Beteiligungskontrolle

Diese Feststellung zwingt nun dazu, einige Vorbehalte, die gegen die geplant gewesene Fusion der Deutsche Börse AG und der NYSE Euronext Inc. vorgebracht worden sind, aus dem Kreis der zur Begründung einer Untersagungsverfügung nach § 6 Abs. 2 BörsG hinreichenden Tatbestandsalternativen von vorneherein auszuklammern.

a. Einbindung in ein Beteiligungsgeflecht

Vorgetragen worden ist, die Deutsche Börse AG als Träger der Frankfurter Wertpapierbörse werde durch die Fusion ein beherrschtes Unternehmen in einem von der niederländischen Holdinggesellschaft gesteuerten Konzern, das aufgrund des nach der Übernahme des Trägers durch die Holding geplanten Beherrschungsvertrags nicht mehr in der Lage sei, seine Geschäftspolitik selbst zu bestimmen, sondern – auch nachteiligen – Weisungen unterworfen sei.[123] Diese in der Sache richtige Beschreibung der angestrebten Fusion ist ungeeignet, eine Untersagungsverfügung der Aufsichtsbehörde zu tragen, weil die Einfügung eines Börsenträgers in ein Beteiligungsgeflecht nicht zu den in § 6 Abs. 2 S. 1 Nr. 1 und Nr. 2 BörsG abschließend aufgelisteten Gründen zählt, die die Untersagung des Erwerbs einer bedeutenden Beteiligung an dem Träger rechtfertigen können. Das folgt aus einem Vergleich mit der kreditwesengesetzlichen Beteiligungskontrolle und aus der Gesetzgebungsgeschichte von § 6 Abs. 2 BörsG. Gemäß der Vorschrift in § 2 c KWG, der die Inhaberkontrolle in § 6 BörsG nachgebildet worden ist, kann eine bedeutende Beteiligung an einem Institut verboten werden, wenn das Institut durch die Begründung dieser Beteiligung mit deren Inhaber in einen Unternehmensverbund eingebunden würde, der durch die Struktur des Beteiligungsgeflechts eine wirksame Aufsicht über das Institut beeinträchtigt (§ 2 c Abs. 1 b S. 1 Nr. 2 Alt. 2 KWG). Eine vergleichbare Tatbestandsvariante als Grund für eine Untersagungsverfügung fehlt in § 6 Abs. 2 BörsG vollständig. Diese Auslassung ist keineswegs zufällig. Vielmehr hat der Gesetzgeber einen § 2 c Abs. 1 b S. 1 Nr. 2 Alt. 2 KWG gleich gelagerten Tatbestand in § 6 Abs. 2 BörsG bewusst weggelassen.[124] Das folgt aus der Gesetzgebungsgeschichte von § 6 Abs. 2 BörsG. Noch im Diskussionsentwurf für das

---

BGBl. I, S. 470); ebenso Hoger WM 2007, 1053, 1055 zu Art. 19 a Abs. 1 der RL 2006/48/EG.
123 Frankfurter Allgemeine Zeitung v. 19.3.2011, S. 23.
124 Das haben Christoph ZBB 2005, 82, 86, 90, Lepczyk, Rechtliche Aspekte internationaler Börsenfusionen, S. 62 und Burgard, Gutachten, S. 20 f. übersehen.

4. Finanzmarktförderungsgesetz war ein mit § 2 c Abs. 1 b S. 1 Nr. 2 Alt. 2 KWG weitreichend identischer Untersagungsgrund vorgesehen (§ 3 Abs. 2 S. 1 Nr. 2 BörsG-Disk.entw.). Wie sehr die Entwurfsverfasser eine § 2 c Abs. 1 b S. 1 Nr. 2 Alt. 2 KWG parallel gelagerte Vorschrift schaffen wollten, wird nicht zuletzt aus dem Umstand deutlich, dass sie es bei der Übernahme dieses Tatbestands aus § 2 c KWG in § 3 BörsG Disk.entw. versäumt haben, die nur für den Bereich der Anteilseignerkontrolle von Kredit- und Finanzdienstleistungsinstituten passende Bezeichnung „Institut" (vgl. § 1 Abs. 1 b KWG) durch die für die Anteilseignerkontrolle im Börsengesetz relevante Bezeichnung „Träger der Börse" zu ersetzen.[125] Obgleich nun auch die Begründung des Regierungsentwurfs die Parallelität von § 3 BörsG Reg.entw. und § 2 b KWG a.F. (§ 2 c KWG n.F.) besonders hervorgehoben hat,[126] wurde § 3 Abs. 2 S. 1 Nr. 2 BörsG Disk.entw. im Regierungsentwurf, der insoweit dann auch unverändert Gesetz geworden ist, ersatzlos fallengelassen. Wenn deshalb die Einbeziehung eines Börsenträgers in ein Beteiligungsgeflecht selbst dann kein Grund ist, einen diese Einbeziehung begründenden Beteiligungserwerb zu untersagen, wenn hierdurch eine wirksame Aufsicht über den Träger beeinträchtigt werden kann, ist die Einbeziehung eines Trägers in ein Beteiligungsgeflecht als solche eben erst recht kein Grund für eine Untersagungsverfügung gemäß § 6 Abs. 2 BörsG.[127]

b. Bestehen eines Beherrschungsverhältnisses als solches

Nun ist mit der Feststellung, eine Untersagungsverfügung könne nicht auf eine Einbindung des Börsenträgers in ein Beteiligungsgeflecht gestützt werden, noch nichts dazu gesagt, ob dies auch zu gelten hat, wenn der Börsenträger so in das Beteiligungsgeflecht einbezogen wird, dass er hierdurch zum beherrschten Unternehmen wird. Nach dem zwischen der Deutsche Börse AG und der NYSE Euronext Inc. geschlossenen Business Combination Agreement sollte die Deutsche Börse AG – der Träger der Frankfurter Wertpapierbörse – eine solche beherrschte Gesellschaft werden. Geplant war nach erfolgreicher Übernahme der Deutsche Börse AG durch die Holding N.V. der Abschluss eines Beherrschungsvertrags zwischen diesen beiden Gesellschaften.[128] Der Abschluss eines

---

125 Vgl. Mues ZBB 2001, 353, 357 Fn. 36.
126 BT-Drucks. 14/8017, S. 73.
127 Insoweit im Ergebnis wie hier Christoph ZBB 2005, 82, 91.
128 Der Umstand, dass die Holding N.V. eine Gesellschaft ausländischen Rechts mit Sitz im Ausland ist, ändert nichts daran, dass sie Obergesellschaft sein kann (Hüffer, AktG, 9. Aufl. 2010, § 291 Rn. 8; Altmeppen, in: MünchKomm AktG, Bd. 8, 2. Aufl. 2000, Einl. §§ 291 ff. Rn. 46 ff.).

51

derartigen Beherrschungsvertrags als solcher erlaubt, auch wenn der Börsenträger hierdurch gemäß § 308 Abs. 1 AktG Weisungen des herrschenden Unternehmens unterworfen wird, keineswegs die Untersagung des Anteilserwerbs durch das dann infolge des Beherrschungsvertrags herrschend werdende Unternehmen.

Gegen diese Sichtweise sind indes öffentlich Bedenken laut geworden.[129] Auch nach einer im Schrifttum vertretenen Ansicht sind Beherrschungsverträge zwischen einem Börsenträger und einem beherrschenden Unternehmen grundsätzlich unzulässig, weil sie die Erfüllung der Betriebspflicht gefährden können sollen, und zwar gleichgültig, ob konkret nachteilige Weisungen erfolgt sind oder nicht.[130/131] Begründet wird dies mit dem Argument, die einheitliche Leitung des Konzerns könne dazu führen, dass zentrale Leistungsträger des Börsenträgers zu anderen Konzernunternehmen entsandt würden (personelle Austrocknung des Trägers), ferner, dass technische Kernkompetenzen an andere Konzernunternehmen abgegeben würden (technische Austrocknung), schließlich, dass Finanzmittel innerhalb des Konzerns umverteilt würden (finanzielle Austrocknung).[132] Deshalb müsse – so wird gesagt – ein Beteiligungserwerb, dem der Abschluss eines Beherrschungsvertrags folgen solle, nach § 6 Abs. 2 S. 1 Nr. 2 BörsG untersagt werden.[133]

Diese Auffassung ist gesetzeswidrig, weil sie ohne jeden erkennbaren Grund die diesbezüglich in § 6 Abs. 1 und Abs. 5 BörsG getroffenen Wertungen vollständig ausblendet. Besieht man nämlich diese Vorschrift genauer, erweist sich, dass die Unterstellung des Börsenträgers unter die Leitung eines anderen Unternehmens in § 6 Abs. 1 S. 6 BörsG als börsenrechtlich zulässig vorausgesetzt ist. § 6 Abs. 1 S. 6 BörsG macht nämlich nicht nur den geplanten Erwerb von 20 %, 33 % und 50 % der Stimmrechte oder des Kapitals an dem Börsenträger, sondern auch den geplanten Erwerb der Kontrolle im Sinne von § 1 Abs. 8 KWG über den Träger der Börse anzeigepflichtig. Diese Vorschrift ergibt nur Sinn, wenn der Erwerb jener Kontrolle im Grundsatz rechtlich zulässig ist. Denn wenn er von vorneherein verboten wäre, müsste er nicht nach § 6 Abs. 2 BörsG noch einmal untersagt werden können. Wäre der Kontrollerwerb verboten, wäre das

---

129 Vgl. Frankfurter Allgemeine Zeitung v. 19.3.2011, S. 23 und v. 16.3.2011, S. 42.
130 Burgard, Gutachten S. 70 f. (= WM 2011, 2021, 2029 f.); ebenso – freilich vor der Schaffung von § 6 BörsG – Merkt, in: Verhandlungen des 64. Deutschen Juristentags Berlin 2002, Band I Gutachten, Teilgutachten G, S. 120.
131 Zu den Grenzen nachteiliger Weisungen vgl. unten III. 5. B. cc.
132 Burgard, Gutachten, S. 64, 69, 70 f. (= WM 2011, 2021, 2028, 2029 f.); so schon Uwe H. Schneider/Burgard, WM 2000 Sonderbeilage 3, S. 24, 35.
133 Burgard, Gutachten, S. 72 (= WM 2011, 2021, 2030).

richtige aufsichtsrechtliche Instrument ein verpflichtender Verwaltungsakt auf „Rückbau" des Beherrschungsvertrags ähnlich der Abwicklungsanordnung in § 37 Abs. 1 S. 1 KWG bei ungesetzlichem Betreiben von Bankgeschäften. Richtig ist demgegenüber das Umgekehrte: Interessierte Erwerber dürfen die Absicht hegen, mit einem Börsenträger einen Beherrschungsvertrag abzuschließen. Steht das Vorhaben konkret an, müssen sie dies gemäß § 6 Abs. 1 S. 6 BörsG anzeigen. Untersagt die Börsenaufsichtsbehörde den dann erfolgenden Abschluss des Beherrschungsvertrags nicht, ist an der börsenrechtlichen Rechtmäßigkeit seines Zustandekommens nicht mehr zu rütteln. Und untersagen darf sie den Abschluss eines Beherrschungsvertrags nur, wenn ungeachtet dessen grundsätzlicher börsengesetzlicher Zulässigkeit die besonderen Untersagungsgründe gemäß § 6 Abs. 2 BörsG vorliegen.

Beleuchtet man nämlich die Wendung „unter seine Kontrolle ... kommt" in § 6 Abs. 1 S. 6 BörsG näher, erweist sich, dass hiervon auch Beherrschungsverhältnisse erfasst werden.[134] § 6 Abs. 1 S. 6 BörsG verweist zur Ausfüllung des Begriffs der Kontrolle auf § 1 Abs. 8 KWG. Nach der letztgenannten Vorschrift besteht eine Kontrolle, wenn ein Unternehmen im Verhältnis zu einem anderen Unternehmen als Mutterunternehmen gilt. Ein Mutterunternehmen ist gemäß §§ 1 Abs. 6 KWG, 290 Abs. 1 S. 1 HGB ein Unternehmen, das auf ein Tochterunternehmen (§§ 1 Abs. 7 KWG[135], 290 Abs. 1 S. 1 HGB) einen beherrschenden Einfluss ausüben kann. Beherrschender Einfluss ist vorhanden, wenn dem Mutterunternehmen das Recht zusteht, aufgrund eines mit dem Tochterunternehmen geschlossenen Beherrschungsvertrags dessen Finanz- und Geschäftspolitik zu bestimmen (§ 290 Abs. 2 Nr. 3 HGB). Und mit dem Begriff des Beherrschungsvertrags in dieser Vorschrift sind diejenigen gemäß §§ 291, 308 AktG geschlossenen Verträge gemeint.[136]

Diese Ableitung wird befestigt, wenn man neben der Vorschrift in § 6 Abs. 1 S. 6 BörsG die Bestimmung in § 6 Abs. 5 S. 1 BörsG in den Blick nimmt. Nach der letztgenannten Regelung muss derjenige, welcher beabsichtigt, eine bedeutende Beteiligung an dem Träger der Börse so zu verändern, dass der Träger der Börse "nicht mehr kontrolliertes Unternehmen ist", dies der Börsenaufsichtsbehörde anzeigen. Auch hier führt der Begriff des kontrollierten Unternehmens zu demjenigen des Tochterunternehmens, auf welches u.a. aufgrund eines Beherrschungsvertrags beherrschender Einfluss ausgeübt werden kann. In § 6 Abs. 5 S. 1 BörsG ist vorausgesetzt, dass der Börsenträger ein aufgrund ei-

---

134 Im Ergebnis ebenso Lepczyk, Rechtliche Aspekte internationaler Börsenfusionen, S. 189 f.
135 Vgl. Mues ZBB 2001, 353, 357.
136 Baumbach/Hopt/Merkt, HGB, § 290 Rn. 11.

53

nes Beherrschungsvertrags abhängiges Unternehmen sein darf. Hätte nämlich die Börsenaufsichtsbehörde – wie Burgard meint[137] – "keine Wahl" als die Untersagung des Zusammenschlusses,[138] gäbe es, anders als es in § 6 Abs. 5 BörsG vorausgesetzt ist, für den Anteilsinhaber keinen Raum, die Absicht zu fassen, die Kontrolle über den Träger aufzugeben oder eben nicht. Abrunden lässt sich diese Schlussfolge, wenn man die Bestimmung in § 12 Abs. 2 S. 4 BörsG hinzunimmt. Nach dieser Vorschrift ist dem Börsenträger bei "Fusionsabkommen des Börsenträgers, die den Börsenbetrieb betreffen", Gelegenheit zur Stellungnahme zu geben. Auch in dieser Regelung, die als Reaktion des Börsengesetzgebers auf die seinerzeit geplante Fusion der Gruppe Deutsche Börse mit der London Stock Exchange (Projekt iX) durch das 4. Finanzmarktförderungsgesetz geschaffen worden ist,[139] ist die grundsätzliche Zulässigkeit konzernbildender Fusionen unter Beteiligung des Trägers einer deutschen Börse vorausgesetzt, weil es sinnentleert wäre, den Börsenrat zu etwas zu befragen, das ohnehin unzulässig ist. Folglich sind Beherrschungsverträge mit einem Börsenträger grundsätzlich nicht zu beanstanden.[140]

c. Keine untersagungsrelevanten Interessenkonflikte

Nach der Auffassung von Burgard hätte die seinerzeit geplante Fusion nicht nur deshalb untersagt werden müssen, weil ein Beherrschungsvertrag zur Austrocknung des Börsenträgers führen können soll, sondern auch deshalb, weil der Abschluss eines solchen Vertrags den Börsenträger in einen unlösbaren Konflikt zwischen den Eigeninteressen der Eigentümer des Börsenträgers und dem öf-

---

137 Burgard, Presseerklärung vom 6.9.2011 zum Zusammenschluss Deutsche Börse/NYSE Euronext, Pressekonferenz zum Fusionsvorhaben Deutsche Börse/NYSE Euronext.
138 Nicht bloß hinreichende, sondern "zwingende Gründe" für die Untersagung: Burgard, Zehn Irrtümer über den Zusammenschluss der Deutsche Börse AG mit NYSE Euronext (Nr. 1, 10), Pressekonferenz zum Fusionsvorhaben Deutsche Börse/NYSE Euronext am 6.9.2011; widersprüchlich hierzu Burgard, Gutachten, S. 83 (= WM 2011, 2021, 2033): es sei zweifelhaft, ob der Tatbestand in § 6 Abs. 2 BörsG derart intensiv verletzt sei, dass von einer Reduzierung des der Börsenaufsichtsbehörde zustehenden Ermessens auf Null, also von einer zwingenden Untersagung ausgegangen werden müsse.
139 Schwark/Zimmer, KMRK, § 12 BörsG Rn. 18.
140 Und deshalb haben auch – anders als es Burgard, Gutachten, S. 11 und Presseerklärung vom 6.9.2011 zum Zusammenschluss Deutsche Börse/NYSE Euronext, Pressekonferenz zum Fusionsvorhaben Deutsche Börse/NYSE Euronext, meint – die Organmitglieder der Deutsche Börse AG (Vorstand und die Mehrheit des Aufsichtsrats, die dem Fusionsvorhaben zugestimmt hat) durch die Äußerung bzw. Billigung der Absicht, einen Beherrschungsvertrag abschließen zu wollen, nicht gegen ihre börsenrechtlichen Pflichten verstoßen.

fentlichen Interesse am ordnungsgemäßen Betrieb der Börse stürzen können soll.[141] Angelehnt ist diese Ansicht an die Vorschrift in § 5 Abs. 4 BörsG, die dem Börsenträger die Organisationspflicht aufgibt, Vorkehrungen zu treffen, um solche Interessenkonflikte zu verhindern. Die Organisationspflicht interpretiert Burgard als Teilinhalt der Betriebspflicht einschließlich der Fortentwicklungspflicht,[142] um auf diese Weise zu einem Untersagungsverdikt gemäß § 6 Abs. 2 S. 1 Nr. 2 BörsG zu gelangen.[143] Den Übergang von einem Interessengleichlauf zwischen Träger und Börse zu einem Interessenkonflikt, bei dem sich das Konzerninteresse einer Börsengruppe ungehindert durchsetze, ermittelt er[144] über zehn Abstufungen (u.a. Börsenträgerschaft durch eine öffentlichrechtlich organisierte Industrie- und Handelskammer, durch einen Idealverein, Aktionariat bestehend aus den Handelsteilnehmern, dann aus der Börse fernstehenden Personen, insbesondere bei Börsennotierung des Trägers, Einbindung in einen Konzern, schließlich bis hin zum Abschluss eines Beherrschungs- und Gewinnabführungsvertrags).[145]

Diese angeblich zwingend zu einer Untersagung nach § 6 Abs. 2 S. 1 Nr. 2 BörsG hinführende Ableitung ist nicht haltbar. Übersehen wird nämlich, dass das Börsengesetz jeden einzelnen Schritt von der von Burgard beschriebenen ersten bis zur zehnten Stufe grundsätzlich erlaubt. Diese Rechtslage lässt sich durch einen Hinweis auf § 5 Abs. 4 Nr. 1 BörsG keinesfalls konterkarieren. Vielmehr ist es die Aufgabe des Rechtsanwenders, diese Rechtslage mit der genannten Vorschrift in ein Verhältnis praktischer Konkordanz zu setzen.

In § 4 Abs. 1 S. 2 BörsG a.F. – einer Sonderbestimmung für öffentlichrechtlich organisierte Börsenträger[146] – ist vorausgesetzt, dass auch Privatrechtssubjekte eine Börse tragen können. Aus den in §§ 6 Abs. 1 S. 2, 5 Abs. 4 Nr. 1 BörsG gebrauchten, etwas unscharfen Wendungen "Beteiligung am Kapital" und "Eigentümer des Börsenträgers" folgt, dass privatrechtlich organisierte Träger nicht nur – wie es an einigen Börsen in Deutschland jahrzehntelang der Fall gewesen ist – die Rechtsform des Idealvereins, sondern auch diejenige der Kapitalgesellschaften nutzen dürfen. Dem Umstand, dass der Gesetzgeber die Vorschrift in § 6 BörsG in Kenntnis der Organisation einiger deutscher Börsenträger in der Rechtsform der Aktiengesellschaft und des Börsengangs der Deutsche

---

141 Burgard, Gutachten, S. 51 ff (= WM 2011, 2021, 2024 f.).
142 Burgard, Gutachten, S. 51 (= WM 2011, 2021, 2024).
143 Burgard, Gutachten, S. 54 f., 68 (= WM 2011, 2021, 2025 f., 2029).
144 Im Ansatzpunkt zu Recht angelehnt an Hammen AG 2001, 549, 554 ff.
145 Burgard, Gutachten, S. 52 ff (= WM 2011, 2021, 2024 f.).
146 Zu den Gründen für die Streichung dieser Vorschrift im 4. Finanzmarktförderungsgesetz vgl. Hammen AG 2001, 549, 554.

Börse AG im Jahre 2001 geschaffen und später mehrfach reformiert hat, ohne in Hinsicht auf diese Rechtsform und einen Börsengang des Börsenträgers Restriktionen vorzusehen, lässt deutlich werden, dass er diese Einkleidung wirtschaftlicher Betätigung des Trägers akzeptiert hat. Aus der Vorschrift in § 6 Abs. 1 S. 6 BörsG folgt unmittelbar, dass ein Börsenträger im Mehrheitsbesitz eines einzelnen anderen Unternehmens stehen darf. Und aus der Bestimmung in § 6 Abs. 4 S. 1 BörsG ("Inhaber einer bedeutenden Beteiligung sowie" die "von ihm kontrollierten Unternehmen") wird klar, dass das auch gilt, wenn der Erwerb einer bedeutenden Beteiligung den Börsenträger zu einem in einen Konzern eingebundenen Unternehmen werden lässt. Wie bereits ausgeführt, folgt schließlich aus § 6 Abs. 1 S. 6 BörsG, dass ein Börsenträger sich auch unter die Herrschaft eines anderen Unternehmens stellen darf. Mithin hat es der Gesetzgeber im Ausgangspunkt hingenommen, dass das Eigeninteresse der Eigentümer des Börsenträgers einerseits und das öffentliche Interesse am ordnungsgemäßen Betrieb der Börse andererseits aufeinandertreffen können.

In dieser Situation verpflichtet das Börsengesetz nun den Börsenträger, zugunsten des auch im Börsenrecht vorrangigen[147] öffentlichen Interesses die Interessen seiner Eigentümer hintanzustellen. Soweit die Eigentümer – gleichgültig, wie eng sie mit dem Träger verflochten sind – dies als börsenrechtsgemäß akzeptieren, kann keine Rede davon sein, sie seien unzuverlässig im Sinne von § 6 Abs. 2 BörsG oder eine Gefahr für die Fortentwicklung des Börsenbetriebs. Solange der Börsenträger den Vorrang des öffentlichen Interesses am ordnungsgemäßen Betrieb bewerkstelligt, verletzt er seine Pflicht aus § 5 Abs. 4 Nr. 1 BörsG nicht. Soweit nun aber alle Beteiligten die ihnen durch das Börsengesetz eingeräumten Gestaltungsmöglichkeiten nutzen und dabei die ihnen auferlegten börsenrechtlichen Pflichten befolgen, sich also vollkommen rechtmäßig verhalten, muss ein Untersagungsverdikt gemäß § 6 Abs. 2 BörsG ausscheiden. Erst wenn sie diesen Pfad verlassen, ist ein Einschreiten der Börsenaufsichtsbehörde – dann aber nur nach § 6 Abs. 4 BörsG – angezeigt.

d. Annex: Interessenkonflikte und Wettbewerb von Konzernunternehmen

Von manchen wurde behauptet, in dem durch das Fusionsabkommen zwischen Deutsche Börse AG und NYSE Euronext vereinbarten Börsenkonzern bestehe

---

147 Hammen/Roger Müller, Die Bewältigung von Interessenkonflikten beim Börsengang eines deutschen Börsenträgers an die von ihm betriebene Börse, in: H. Hammen (Hrsg.), Interessenkonflikte beim Börsengang von Börsen, 2009, S. 75, 91; Burgard, Gutachten, S. 54 (= WM 2011, 2021, 2026).

ein Wettbewerbsverhältnis zwischen den Konzerngesellschaften, das schwere und dauerhafte Interessenkonflikte verursache. Es gehöre nämlich zu den Aufgaben der Konzernleitung, die Wettbewerbschancen innerhalb des Konzerns aufzuteilen. Deshalb könne es zu einer Beeinträchtigung der Fortentwicklungspflicht des deutschen Börsenträgers durch Wettbewerbshandlungen des herrschenden Unternehmens kommen.[148] Als ein Beispiel dafür, dass ein Börsenträger im Konzerninteresse auf bestimmte Teilmärkte beschränkt wird und ihm andere Geschäftsfelder entzogen werden, wird der im Jahre 2000 geplant gewesene Zusammenschluss von Deutsche Börse AG und London Stock Exchange (Projekt iX) angeführt, im Zuge dessen der Blue-Chip-Handel nach London verlagert werden sollte.[149]

Solche seinerzeit konkret anstehenden Interessengegensätze[150] sind bei der von Deutsche Börse AG und NYSE Euronext im Jahre 2011 angestrebten Fusion nicht zu erkennen gewesen. Das Business Combination Agreement sah keinerlei Veränderungen in der Marktstruktur der FWB vor. Es war also anders als bei dem vor elf Jahren betriebenen Projekt iX nicht vorgesehen, einzelne Marktsegmente der FWB an die New York Stock Exchange zu verlagern. Geplant war lediglich, dass die beiden Börsenbetreiber, soweit sie die Kassamärkte tragen, von einem Vorstandsmitglied der Holding N.V. vom Verwaltungssitz dieser Konzernobergesellschaft in New York aus geführt werden sollten. Dieser Umstand änderte freilich an der uneingeschränkten und unbeschränkbaren Verantwortung des Vorstands der Deutsche Börse AG für den Betrieb der FWB keinen Deut. Weisungen welcher Konzernebene auch immer, welche die Erfüllung der der Deutsche Börse AG obliegenden Betriebspflicht hätten gefährden können, hätte ihr Vorstand – wie noch zu zeigen sein wird – nicht befolgen dürfen.

Hiergegen wurde nun vorgebracht, die Konzernleitung einer fusionierten Börsenorganisation werde versuchen, zum Nachteil des Börsenplatzes Frankfurt große internationale Emissionen nach New York zu holen.[151] Dieser Einwand ist aus rechtstatsächlichen und aus rechtlichen Gründen unerheblich. Bekanntermaßen wählen insbesondere große Emittenten in aller Regel ihren Heimatmarkt, weil ihr Bekanntheitsgrad dort am höchsten ist. Ein Marktbetreiber kann keineswegs einseitig beliebige Marktsegmentverlagerungen vornehmen, weil er

---

148 Burgard, Gutachten, S. 55, 69, 71, 76 (= WM 2011, 2021, 2026, 2029, 2030, 2032).
149 Burgard, Gutachten, S. 53 (= WM 2011, 2021, 2025). Zu den Einzelheiten der seinerzeitigen Pläne vgl. Schwark WM 2000, 2517, 2518.
150 Vgl. Kümpel/Hammen WM 2000, Sonderbeilage 3, S. 3, 17 ff.
151 Burgard, Zehn Irrtümer über den Zusammenschluss der Deutsche Börse AG mit NYSE Euronext (Nr. 8), Pressekonferenz zum Fusionsvorhaben Deutsche Börse/NYSE Euronext am 6.9.2011.

nämlich hierzu auf die Akzeptanz der Marktteilnehmer angewiesen ist.[152] Bedacht werden muss zudem, dass deutsche Emittenten wegen der Durchsetzungsstärke der SEC, von der auch Burgard schreibt,[153] seit einigen Jahren von einer Notierung in den USA absehen, ja sogar umgekehrt im großen Stil Zweitlistings an der NYSE abbauen. Zu dieser Faktenlage kommt hinzu, was auch die Kritiker der geplanten Fusion einräumen,[154] dass die Börsenaufsichtsbehörde aufsichtsrechtliche Maßnahmen nach § 6 Abs. 4 S. 1 Nr. 1 BörsG ergreifen könnte, sollte es einmal dazu kommen, dass das herrschende Unternehmen durch unmittelbare oder mittelbare Wettbewerbshandlungen die Pflicht eines Börsenträgers beeinträchtigt, den Betrieb der Börse fortzuentwickeln. Schließlich ist daran zu erinnern, dass das seinerzeit laufende Anteilseignerkontrollverfahren ausreichend Gelegenheit geboten hat, Festlegungen vorzunehmen, die die Wettbewerbsfähigkeit von Deutsche Börse AG und FWB abgesichert hätten.[155]

e. Kontrollmöglichkeiten der hessischen Börsenaufsicht

In den Diskussionen über das Projekt Gamma ist gelegentlich die Befürchtung geäußert worden, sollte die Deutsche Börse AG ein von einer niederländischen Holding abhängiges Konzernunternehmen werden, liege der Konzern außerhalb deutscher Kontrolle; insbesondere verliere die hessische Börsenaufsicht die Möglichkeit, nach dem deutschen Börsengesetz einzuschreiten, wenn neue Investoren keinen angemessenen Börsenbetrieb mehr gewährleisten wollten.[156] Diese Befürchtungen waren und sind zum Teil unbegründet, zum Teil rechtlich irrelevant. Zunächst ist festzuhalten, dass auf die nach Art. 38 MiFID durchzuführende Anteilseignerkontrolle deutsches Recht anzuwenden ist. Im öffentlichen Recht, also auch im Börsenrecht, gilt das Territorialprinzip. Hiernach regelt das deutsche Börsenorganisationsrecht die Rechtsverhältnisse der Börse, die als Anstalt des deutschen öffentlichen Rechts ihren Sitz in Deutschland hat,[157]

---

152 Roger Müller, Der Konzern 2008, 263, 267; vgl. auch Hammen ZBB 2001, 84 ff.
153 Burgard, Zehn Irrtümer über den Zusammenschluss der Deutsche Börse AG mit NYSE Euronext (Nr. 7), Pressekonferenz zum Fusionsvorhaben Deutsche Börse/NYSE Euronext am 6.9.2011.
154 Burgard, Gutachten, S. 69.
155 Kümpel/Hammen, WM 2000, Sonderbeilage 3, S. 3, 18 ff.
156 Börsen-Zeitung v. 17.3.2011, S. 5, Artikel: „Die SEC hat in Frankfurt nichts zu sagen"; Frankfurter Allgemeine Zeitung v. 19.3.2011, S. 23; differenzierend Burgard, Gutachten, S. 81.
157 Die Frage, ob die Börse als eine „juristische Person des öffentlichen Rechts" Niederlassungsfreiheit, insbesondere Wegzugsfreiheit genießt (vgl. Art. 49, 54 AEUV), bleibt

sowie die Rechtsverhältnisse ihres Trägers, der unabhängig von seinem Sitz die Tätigkeit des Marktbetreibens mittels der von ihm getragenen Börse in Deutschland vornimmt. Als Annex hierzu unterfällt auch die Kontrolle der Inhaber bedeutender Beteiligungen an dem Träger der Börse dem deutschen Recht unabhängig davon, ob der Träger und/oder der Anteilsinhaber ihren Sitz in Deutschland haben. So ist etwa die BaFin befugt, die der Kontrolle nach § 6 Abs. 2 BörsG parallel gelagerte Anteilseignerkontrolle gemäß § 2 c KWG gegenüber ausländischen interessierten Erwerbern und deren ausländischen Anteilsinhabern nach deutschem Recht durchzuführen.[158]

Da das deutsche Börsenorganisationsrecht anzuwenden ist, fällt die von der MiFID geforderte Aufsicht über die Börse (Art. 36 Abs. 2 MiFID) einschließlich der Inhaberkontrolle (Art. 38 MiFID) in die Zuständigkeit der deutschen Börsenaufsichtsbehörde. Die Soliditätsprüfung führt nämlich grundsätzlich die Behörde durch, die den Finanzmarktteilnehmer beaufsichtigt, an dem eine qualifizierte Beteiligung erworben werden soll.[159] Bei dieser Behörde verbleibt die Alleinentscheidungsbefugnis auch dann, wenn eine grenzüberschreitende Konsultation mit Behörden anderer Mitgliedstaaten stattfindet.[160]

Unbegründet ist die vorgeschilderte Befürchtung, die hessische Börsenaufsicht hätte die Möglichkeit verloren einzuschreiten, wenn neue Investoren keinen angemessenen Börsenbetrieb mehr hätten gewährleisten wollen. Denn die Befugnisse der Börsenaufsichtsbehörde hätten nicht bloß die unmittelbare Beteiligung der Holding N.V. an der Deutsche Börse AG ergriffen, sondern auch Beteiligungen an der Holding N.V., ja sogar mehrfach gestufte mittelbare Beteiligungen hieran. Das folgt aus dem Verweis in § 6 Abs. 1 S. 1 BörsG, wonach einer Anteilseignerkontrolle unterfällt, wer beabsichtigt, eine bedeutende Beteiligung im Sinne des § 1 Abs. 9 KWG an dem Träger zu erwerben. § 1 Abs. 9 KWG definiert nämlich als bedeutende Beteiligungen nicht bloß die unmittelbaren, sondern auch die „mittelbar(en) über ein oder mehrere Tochterunternehmen". Die verwaltungsgerichtliche Rechtsprechung[161] bezieht diese Vorschrift zu Recht nicht bloß auf „unmittelbare" mittelbare Beteiligungen, also auf unmittelbare Beteiligungen an demjenigen Rechtssubjekt, das seinerseits unmittelbar an dem Institut beteiligt ist, sondern auch auf Formen mehrfach gestufter Betei-

---

ausgeklammert. Zum Wegzugsrecht von Sparkassen als Anstalten des öffentlichen Rechts vgl. Behnke/Dejmek WM 2008, 1912 ff.
158 Vgl. VGH Kassel WM 2011, 33.
159 Vgl. Hoger WM 2007, 1053, 1055 zu Art. 19 a RL 2006/48/EG.
160 So Hoger WM 2007, 1053, 1055 zu Art. 19 a RL 2006/48/EG.
161 VG Frankfurt WM 2008, 782; VGH Kassel WM 2011, 33.

ligungen, im konkreten Fall auf eine mittelbare Beteiligung zweiten Grades.[162] Wollte man solche Beteiligungen ausklammern, wäre § 6 BörsG obsolet, weil ein Beteiligungsaufbau heutzutage vielfach über pyramidenhafte Strukturen geschieht. Mit dem Wortlaut von § 1 Abs. 9 KWG ist die Einbeziehung „mittelbarer" mittelbarer Beteiligungen in die Anteilseignerkontrolle problemlos vereinbar, weil das Wort „mittelbar" in § 1 Abs. 9 KWG keineswegs auf einen bestimmten Grad von Mittelbarkeit beschränkt ist. Dasselbe gilt für das Wort „indirekt" in der der Vorschrift in § 6 BörsG zugrundeliegenden Bestimmung in Art. 38 MiFID, die im Wege richtlinienkonformer Auslegung vorliegend mitbedacht werden muss. Diese Ableitung wird durch die Gesetzesmaterialien bestätigt, wonach Tochterunternehmen (vgl. § 1 Abs. 9 KWG „mittelbar über ein … Tochterunternehmen") auch Tochterunternehmen von Unternehmen sind, die ihrerseits gleichzeitig Tochterunternehmen von Mutterunternehmen (§ 1 Abs. 6 KWG) sind.[163]

Die Vorschrift in § 1 Abs. 9 KWG funktioniert im Rahmen einer Anteilseignerkontrolle in der Rechtspraxis einwandfrei. So konnte etwa die BaFin wegen unklarer Herkunft der für den Erwerb von Anteilen an einem deutschen Kreditinstitut bereitgestellten Mittel den Erwerb einer bedeutenden Beteiligung an diesem Institut durch eine schweizerische Aktiengesellschaft verbieten, deren Anteile zu 50 % von einem ukrainischen Staatsangehörigen und zu 50 % von einer österreichischen Privatstiftung gehalten wurden, die ihrerseits vollständig einem weiteren ukrainischen Staatsbürger gehörte.[164]

---

162 Hierzu und zum Folgenden Hammen WuB I L 1. § 2 c KWG 1.11.
163 BR-Drucks. 504/92, S. 26.
164 VG Frankfurt WM 2008, 782 mit Anm. Hammen WuB I L 1. § 2 c KWG 1.08; VGH Kassel WM 2011, 33. Dass die BaFin und andere europäische Aufseher mit der Kontrolle interessierter Erwerber mit Sitz außerhalb der EU (Liechtenstein), ja sogar außerhalb Europas (Indien) bestens zurechtkommen, ist jüngst zweimal deutlich geworden (Frankfurter Allgemeine Zeitung v. 19.4.2011, S. 9: BaFin verhindert Verkauf der BHF-Bank durch die Deutsche Bank an die Liechtensteiner Fürstenbank LTG wegen Zweifel an der Zuverlässigkeit der LTG in Steuerfragen; Mußler, Frankfurter Allgemeine Zeitung v. 19.4.2011, S. 9, Neubacher, Börsen-Zeitung v. 19.4.2011, S. 1: Luxemburgs Regulator CSSF verbietet den Verkauf der KBL European Private Bankers, der Muttergesellschaft der Münchener Privatbank Merck Finck, an das indische Konglomerat Hinduja wegen unklarer Geldquellen, mit denen der Kauf finanziert werden sollte). Die BaFin prüft beim Erwerb bedeutender Beteiligungen auch die finanzielle Basis des Erwerbers. Dabei sieht sie die Übernahme von Banken durch Finanzinvestoren generell kritisch. Deshalb verlangte sie bei dem geplanten Verkauf der BHF an den Finanzinvestor RHJI eine Garantie, dass jeder neue Eigentümer die BHF bei einer eventuellen

Auch der Einwand, die geplant gewesene Fusion hätte den Börsenträger zum Tochterunternehmen eines ausländischen Unternehmens werden lassen, das keiner hinreichenden Aufsicht unterfalle, ist rechtlich irrelevant. Das folgt wieder aus der Entstehungsgeschichte der Vorschrift in § 3 BörsG a.f. (§ 6 BörsG n.F.). Angelehnt an § 2 c Abs. 1 b S. 1 Nr. 3 KWG enthielt § 3 Abs. 2 S. 1 Nr. 3 BörsG i.d.F. des Diskussionsentwurfs für das 4. Finanzmarktförderungsgesetz die Befugnis der Aufsichtsbehörde, eine Beteiligung zu untersagen, wenn das Institut ein Tochterunternehmen eines Unternehmens mit Sitz im Ausland würde und die Gefahr bestünde, dass die Aufsicht durch die Börsenaufsichtsbehörde beeinträchtigt wird.[165] Auch diese Bestimmung ist im weiteren Gesetzgebungsverfahren bewusst fallengelassen worden,[166] weshalb eine Untersagungsverfügung nach § 6 Abs. 2 BörsG auf solche Umstände nicht gestützt werden kann.[167]

Zudem muss hier bedacht werden, dass die Holding N.V. in den Niederlanden, also in einem Mitgliedstaat der EU domizilierte. Im EU-Raum trägt nämlich der Untersagungsgrund fehlender Aufsichtsmöglichkeiten nicht. Für die Anteilseigneraufsicht über das Finanzwesen kann dies aus der Entstehungsgeschichte von § 2 c Abs. 1 b S. 1 Nr. 3 KWG abgeleitet werden. Diese durch das 3. Finanzmarktförderungsgesetz[168] in das KWG eingeführte Bestimmung betraf ursprünglich ganz undifferenziert alle Fälle, in denen ein Institut durch die Begründung einer bedeutenden Beteiligung Tochterunternehmen eines Instituts mit Sitz „im Ausland" würde, „das im Staat seines Sitzes ... nicht wirksam beaufsichtigt wird" (§ 2 b Abs. 1 a S. 1 Nr. 3 KWG a.F.). Seit dem Erlass des 4. Finanzmarktförderungsgesetzes bezieht sich diese Bestimmung nur noch auf Mutterinstitute „mit Sitz in einem Drittstaat", also in einem Staat, der nicht der EU bzw. dem Europäischen Wirtschaftsraum angehört (§ 1 Abs. 5 a S. 2 KWG). Der Grund für die Einengung der Reichweite dieser Vorschrift auf Nicht-EWR-Staaten liegt in der Einschätzung, dass in allen Staaten des Europäischen Wirtschaftsraums eine wirksame Aufsicht durch eine Aufsichtsstelle besteht, die zu einer befriedigenden Zusammenarbeit mit der BaFin bereit sei.[169]

Schieflage mit Kapital versorgen kann (Financial Times Deutschland v. 10.10.2011, S. 15). Vgl. ferner Hammen, The Korean Journal of Securities Law 2009, 471, 486.

165 Abgedruckt in: ZBB 2001, 403.
166 Schäfer/Hamann/Ledermann, KMG, Bd. 2, 2. Aufl. 1. Lfg. 01/2006, § 3 BörsG Rn. 6.
167 Vgl. auch Christoph, Börsenkooperationen und Börsenfusionen, S. 344: fehlende Aufsichtstätigkeit lässt einen gut beleumdeten interessierten Erwerber nicht unzuverlässig i.S.v. § 6 Abs. 2 BörsG werden.
168 Vom 24.3.1998, BGBl. I, S. 529, 567 f.
169 BT-Drucks. 14/8017, S. 115.

Diese Einschätzung lässt sich auf das Börsenwesen mühelos übertragen. Nach Art. 48 Abs. 1 MiFID benennen die Mitgliedstaaten die Behörde, die für die Überwachung der geregelten Märkte, auch für die Anteilseignerkontrolle, zuständig ist.[170] In Deutschland ist, da geregelte Märkte hier nur die Börsen sind,[171] die Börsenaufsichtsbehörde zuständig (§ 3 Abs. 1 S. 1 BörsG). Nach Art. 56 Abs. 1 S. 1 MiFID arbeiten die zuständigen Behörden der einzelnen Mitgliedstaaten zusammen, wann immer dies zur Wahrnehmung der in der MiFID festgelegten Aufgaben erforderlich ist. Dabei tauschen sie Informationen aus und leisten sich gegenseitig Amtshilfe (Art. 56 Abs. 1 S. 2 u. S. 2 MiFID). Zur Erleichterung der Zusammenarbeit benennen die Mitgliedstaaten eine einzige zuständige Behörde als Kontaktstelle. Diese Aufgabe nimmt in Deutschland die BaFin wahr, die nach § 8 Abs. 1 BörsG (vgl. auch Art. 49 MiFID) mit der Börsenaufsichtsbehörde bei der Erfüllung der Aufgaben dieser Behörde eng zusammenarbeitet.[172] Beispiele dafür, dass die Zusammenarbeit der für die Überwachung der geregelten Märkte zuständigen Aufsichtsbehörden auch in der Praxis funktioniert, gibt es genügend. Ein Beispiel hierfür ist das Memorandum of Understanding der Aufsichtsbehörden Frankreichs, Belgiens, Portugals, des Vereinigten Königreichs und der Niederlande über eine Koordinierung der Regulierung und Überwachung der von der Euronext Gruppe betriebenen europäischen regulated markets vom 24.6.2010.

Wegen der Befugnis der Börsenaufsichtsbehörde, Anteilseignerkontrollen auch bei ausländischen Anteilserwerbern vorzunehmen, ist auch die Sorge[173] unberechtigt, die hessische Börsenaufsicht hätte durch die seinerzeit geplante Fusion die Möglichkeit verloren, nach dem deutschen Börsengesetz einzuschreiten, wenn neue Investoren keinen angemessenen Börsenbetrieb mehr hätten gewährleisten wollen. Die Anteilseignerkontrolle endet nämlich keineswegs schon dann, wenn die Aufsichtsbehörde den Erwerb einer bedeutenden Beteiligung unbeanstandet geschehen lässt. Vielmehr besteht die Kontrolle auch nach Begründung des Anteilsbesitzes fort. Denn die Börsenaufsichtsbehörde kann auch mittels der Entziehung von Stimmrechten oder eines Gebots, Anteile zu veräußern, gegen den Inhaber einer bedeutenden Beteiligung vorgehen, wenn die Voraussetzungen für eine Untersagungsverfügung nach § 6 Abs. 2 S. 1 BörsG vorliegen (§ 6 Abs. 4 S. 1 Nr. 1 BörsG) – wenn also beispielsweise durch den Fort-

---

170 Hierzu und zum Folgenden Lepczyk, Rechtliche Aspekte internationaler Börsenfusionen, S. 153 ff.
171 Hammen, Börsen und multilaterale Handelssysteme im Wettbewerb, S. 39.
172 Vgl. Christoph ZBB 2005, 82, 91.
173 Frankfurter Allgemeine Zeitung v. 19.3.2011, S. 23.

bestand einer bedeutenden Beteiligung die angemessene Fortentwicklung des Börsenbetriebs beeinträchtigt wird.

5. Die Untersagungsgründe gemäß § 6 Abs. 2 S. 1 BörsG

a. Keine Unzuverlässigkeit des Anteilserwerbers oder seiner gesetzlichen Vertreter nach § 6 Abs. 2 S. 1 Nr. 1 BörsG

Nach § 6 Abs. 2 S. 1 Nr. 1 BörsG kann der Erwerb einer bedeutenden Beteiligung an einem Börsenträger untersagt werden, wenn der interessierte Erwerber und/oder, wenn der Erwerber eine Aktiengesellschaft ist, die Mitglieder des Leitungsorgans nicht zuverlässig sind oder aus anderen Gründen nicht den im Interesse einer soliden und umsichtigen Führung des Trägers zu stellenden Ansprüchen genügen. Das Kriterium der Zuverlässigkeit erfordert die Prüfung, ob Zweifel hinsichtlich der Integrität und fachlichen Eignung des Betreffenden bestehen. Dabei ist auch sein Geschäftsgebaren in der Vergangenheit zu berücksichtigen. Bedeutsam ist diese Zuverlässigkeitsprüfung insbesondere dann, wenn es sich bei dem interessierten Erwerber um ein nicht beaufsichtigtes Unternehmen handelt (vgl. Erwägungsgrund 8 der RL 2007/44/EG zur Anteilseignerkontrolle im Kredit- und Versicherungswesen). An der Qualifikation und der Integrität der leitenden Personen der Holding N.V. bestanden nun aber keinerlei Zweifel. Unerheblich ist es in diesem Zusammenhang, dass geplant war, diese Personen zu einem späteren, noch unbestimmten Zeitpunkt durch den damaligen Chief Executive Officer der NYSE Euronext Inc. und den seinerzeitigen Vorstandsvorsitzenden der Deutsche Börse AG, die Chief Executive Officer bzw. Chairman der Holding N.V. werden sollten, sowie durch weitere noch zu benennende Personen zu ersetzen. Denn die Anteilseignerkontrolle bezieht sich nur auf die geschäftsleitenden Personen, die zum Zeitpunkt der Entscheidung der Aufsichtsbehörde amtieren.[174] Zukünftig zu bestellende Personen spielen zu diesem Zeitpunkt für die Prüfung der Behörde keine Rolle.

Eine vereinzelt vertretene Auffassung möchte indes mit dem Argument, es sei Ziel der Vorschrift in § 6 Abs. 2 BörsG, bereits im Vorfeld eine Gefährdung abzuwenden, diese Regelung auf verbindlich vorgesehene zukünftige gesetzliche Vertreter des interessierten Erwerbers analog angewendet sehen.[175] Dieser Auffassung ist nicht zu folgen. Mit § 6 Abs. 2 BörsG kann und darf Gefahren erst dann begegnet werden, wenn sie wirklich drohen. Davon kann bei zukünftig

---

[174] So im Ausgangspunkt auch Burgard, Gutachten, S. 40 (= WM 2011, 1973, 1981).
[175] Burgard, Gutachten, S. 40 (= WM 2011, 1973, 1981).

zu bestellenden gesetzlichen Vertretern eines interessierten Erwerbers nicht gesprochen werden. Diesbezüglich besteht bei der Zuverlässigkeitskontrolle nach § 6 Abs. 2 S. 1 Nr. 1 BörsG keine Gesetzeslücke.[176] Denn wären die verbindlichen Festlegungen über die künftige Besetzung des geschäftsleitenden Organs der Holding N.V. in das Stadium ihrer Realisierung eingetreten, wäre zu diesem späteren Zeitpunkt erneut eine Anzeigepflicht des Erwerbers (§ 6 Abs. 1 S. 5 BörsG) und damit ein weiteres Beteiligungskontrollverfahren, nämlich ein solches nach § 6 Abs. 3 S. 1 Nr. 1 BörsG ausgelöst worden. Der Umstand, dass die zum Zeitpunkt der damals anstehenden Entscheidung der Behörde amtierenden Geschäftsleiter mit einer gewissen Wahrscheinlichkeit in einem überschaubaren Zeitraum abgelöst werden sollten, ändert nichts daran, dass sie zum damaligen Zeitpunkt als zuverlässig zu beurteilen waren.

Deshalb war bei der Zuverlässigkeitskontrolle nun die Holding N.V. selbst in den Blick zu nehmen. Diesbezüglich ist die Kritik laut geworden, da die Leitung der Holding N.V. ganz auf den Vorstandsvorsitzenden zugeschnitten sei, fehle es an einer echten Trennung von Unternehmensführung und Kontrolle als Grundelement guter Corporate Governance. Als bedenklich wurde es offenbar zudem angesehen, dass es in den Niederlanden Konzernstrukturen geben könne, in denen das Management vollständig die Macht übernehme.[177] Die dieser Kritik offenbar zugrundeliegende Auffassung, solche Zustände wie die für das niederländische Recht behaupteten seien für Konzernstrukturen, die einen deutschen Börsenträger einschließen, untragbar, ist mit dem deutschen internationalen Gesellschaftsrecht und dem europäischen Recht nicht vereinbar.

Im deutschen internationalen Gesellschaftsrecht gilt seit jeher, dass Gesellschaften mit Verwaltungssitz im Ausland, sei es in Großbritannien, Delaware oder Ruristan, in Deutschland in der Form anerkannt werden, die sie nach dem Recht ihres Heimatstaates besitzen. Maßgeblich ist das Gesellschaftsstatut in seinem gesamten Anwendungsbereich. Hierzu zählt auch die körperschaftliche Verfassung der Gesellschaft. Das Gesellschaftsstatut erfasst hiernach die Geschäftsführung und die Vertretungsmacht der Gesellschaftsorgane sowie die Rechte und Pflichten der Mitglieder.[178] Diese Anerkennung impliziert nun auch, dass die eine oder andere, nach dem Recht des Heimatstaats der betreffenden Gesellschaft zulässige Ausgestaltung ihrer Leitungsstruktur kein Hindernis für den Erwerb von Anteilen an einer deutschen Gesellschaft durch dieses ausländische Rechtssubjekt sein darf. Dieser Schluss wird durch die Vorschriften des

---

176 A.A. Burgard, Gutachten, S. 40 (= WM 2011, 1973, 1982).
177 Frankfurter Allgemeine Zeitung v. 19.3.2011, S. 23.
178 Palandt/Thorn, BGB, 72. Aufl. 2013, Anh. zu EGBGB 12 (IPR) Rn. 2, 7, 12 f., 15.

Außenwirtschaftsgesetzes über die Beteiligung von Unternehmen mit Sitz außerhalb der EU und der EFTA an deutschen Gesellschaften befestigt. Nach § 7 Abs. 2 Nr. 6 AWG kann das Bundeswirtschaftsministerium bzw. die Bundesregierung einen solchen Anteilserwerb verbieten oder beschränken, wenn infolge des Erwerbs die öffentliche Sicherheit und Ordnung der Bundesrepublik Deutschland gefährdet ist. Gegen eine Beteiligung dürfen allerdings nur Gründe nichtwirtschaftlicher Art ins Feld geführt werden,[179] also Gründe, die nichts mit der gesellschaftsrechtlichen Struktur des interessierten Erwerbers zu tun haben.

Die hiernach für Gesellschaften aus Nicht-EU- und Nicht-EFTA-Staaten im Grundsatz bestehende Beteiligungsfreiheit wird für Gesellschaften aus EU-Staaten noch verstärkt. Die niederländische Holding N.V. genoss in Deutschland nach Maßgabe der Art. 49, 54 AEUV Niederlassungsfreiheit. Dabei ist es unerheblich, dass die Holding N.V. in den Niederlanden lediglich ihren Satzungssitz, ihre Hauptverwaltung indes – zu einem Teil – im Aufnahmemitgliedstaat (Deutschland) unterhalten sollte. Nach der Rechtsprechung des EuGH ändert der Umstand, dass sich die Niederlassung (Zweigniederlassung oder Hauptverwaltung) in einem EU-Aufnahmemitgliedstaat befindet, nichts daran, dass der Sachverhalt ein grenzüberschreitender ist und der Gesellschaft das Niederlassungsrecht zukommt, soweit sie wenigstens ihren Satzungssitz in einem Mitgliedstaat der EU hat.[180] In solchen Fällen lässt nämlich Art. 54 AEUV („Gesellschaften, die ihren satzungsmäßigen Sitz, ihre Hauptverwaltung oder ihre Hauptniederlassung in der Union haben") für den Eintritt der Niederlassungsfreiheit zugunsten einer Gesellschaft einen Satzungssitz der Gesellschaft in einem anderen EU-Mitgliedstaat genügen.[181] Denn das in dieser Wendung gebrauchte alternative „oder" darf nicht in ein kumulatives „und" umgedeutet werden.[182] Das aus den genannten Bestimmungen folgende subjektive Recht der Gesellschaft gegen den Aufnahmemitgliedstaat umfasst nicht nur das Recht, eine Tochtergesellschaft im Aufnahmemitgliedstaat zu gründen (Art. 49 S. 2

---

179 Hammen WM 2010, 1, 7.
180 EuGH WM 1999, 956, 958 f.
181 Hammen WM 1999, 2487, 2489. Vgl. ferner Schnichels, Reichweite der Niederlassungsfreiheit, 1995, S. 57: es ist nicht erforderlich, dass sich die Hauptverwaltung in demselben Staat befindet, nach dessen Vorschriften die Gesellschaft gegründet worden ist. – Die für die Zuerkennung der Niederlassungsfreiheit erforderliche, durch eine Hauptniederlassung in der EU begründete tatsächliche und dauerhafte Verbindung mit der Wirtschaft eines Mitgliedstaats darf nicht von der Staatsangehörigkeit der Gesellschafter oder der Mitglieder der Leitungs- oder Überwachungsorgane abhängig gemacht werden, vgl. Allgemeines Programm zur Aufhebung der Beschränkungen der Niederlassungsfreiheit, Abschnitt I, Abl. (EWG) Nr. 2 v. 15.1.1962, S. 36.
182 Schnichels, Reichweite der Niederlassungsfreiheit, S. 55.

AEUV), sondern auch das Recht, sich an einer bereits im Aufnahmemitgliedstaat bestehenden Gesellschaft zu beteiligen (Art. 55 AEUV).[183]

Die Niederlassungsfreiheit betrifft nun nicht nur das „Ob", sondern auch das „Wie" des Niederlassungsvorgangs. Mit der Frage nach dem „Wie" ist die Frage aufgeworfen, ob der Aufnahmemitgliedstaat einer Gesellschaft aus einem anderen EU-Mitgliedstaat, die unter Art. 54 AEUV fällt, die ihr hiernach zustehende Niederlassungsfreiheit[184] mit der Begründung streitig machen kann, ihre nach dem Recht ihres EU-Herkunftsstaats zulässige Leitungsstruktur sei mit den Grundsätzen guter Corporate Governance nicht vereinbar. Diese Frage ist zu verneinen. Beginnend mit der Sache „Überseering"[185] hat nämlich der EuGH entschieden, Art. 43 EGV a.F. (Art. 49 AEUV) fordere nicht bloß eine punktuelle Anerkennung – in der Sache Überseering: der Partei- bzw. Rechtsfähigkeit – einer EU-ausländischen – in der Sache Überseering: einer niederländischen – Gesellschaft im Aufnahmemitgliedstaat – in der Sache Überseering: in Deutschland – nach dem Recht des Aufnahmemitgliedstaats, sondern eine Anerkennung nach dem Statut der Gesellschaft in ihrem Gründungsstaat – in der Sache Überseering „als Gesellschaft niederländischen Rechts in Deutschland".[186] Diese, zunächst auf die im Streit befindliche Parteifähigkeit der EU-ausländischen Gesellschaft bezogene Rechtsprechung hat der EuGH in der Sache „Inspire Art"[187] auf andere Fragen des Gesellschaftsstatuts ausgedehnt. In der letztgenannten Entscheidung hat der Gerichtshof die Anerkennung des Gesellschaftsstatuts auch auf das Erfordernis eines Mindestkapitals und auf eine Haftung der Geschäftsführer bezogen.[188] Der BGH hat die Anerkennung des Gesellschaftsstatuts dann auf die Haftungsverhältnisse der Gesellschafter erstreckt.[189] Infolge dieser Rechtsprechung wird allgemein angenommen, anzuerkennen sei nicht lediglich das Gesellschaftsstatut bezüglich der in den betreffenden Rechtsstrei-

---

183 Hammen EuZW 1996, 460.
184 Christoph WM 2004, 1856, 1864 stellt für die europarechtliche Beurteilung der Anteilseignerkontrolle als Beschränkung eines Beteiligungserwerbs auf die Kapitalverkehrsfreiheit (Art. 63 AEUV) ab (zum Verhältnis von Niederlassungs- und Kapitalverkehrsfreiheit beim Anteilserwerb vgl. EuGH AG 2011, 81, 83). Bei Fragen der Anerkennung des Gesellschaftsstatuts kommt es demgegenüber auf die Niederlassungsfreiheit an (EuGH WM 2002, 2372; NJW 2003, 3331).
185 EuGH WM 2002, 2372.
186 EuGH WM 2002, 2372, 2379.
187 EuGH NJW 2003, 3331.
188 EuGH NJW 2003, 3331, 3333.
189 BGH WM 2005, 889, 890.

ten streitgegenständlichen Fragen; vielmehr betreffe die Anerkennung das Gesellschaftsstatut in seinem ganzen Anwendungsbereich.[190]

Europarechtlich ist die Anerkennung eines EU-ausländischen Gesellschaftsrechts in seiner Gesamtheit zwingend aus einer Bemerkung des EuGH in der Sache „Überseering" zu Art. 293 EGV a.f. und aus dem weiteren Schicksal dieser Bestimmung herzuleiten. Nach Art. 293 EGV a.F. konnten die Mitgliedstaaten "soweit erforderlich"[191] ein Abkommen über die gegenseitige Anerkennung der Gesellschaften treffen. Im Jahre 1968 ist ein solches Abkommen dann in der Tat geschlossen worden.[192] Nach Art. 6 dieses Abkommens war diejenige "Rechts-, Geschäfts- und Handlungsfähigkeit" der Gesellschaften anzuerkennen, die ihnen von dem Recht zuerkannt wurde, nach dem sie gegründet worden sind. Eine Bemerkung in dem offiziellen Begleitbericht zu diesem Abkommen[193] hat viele zu der Annahme geführt, die in diesem Abkommen angesprochene Anerkennung der Gesellschaften sei auf alle Fragen des Gesellschaftsstatus auszudehnen.[194] Aus Gründen, die hier nicht zu erörtern sind, ist dieses Abkommen nicht in Kraft getreten. Bedeutsam ist es aber noch einmal geworden, als der EuGH über die Reichweite der Niederlassungsfreiheit zu befinden hatte. In seiner "Überseering"-Entscheidung hat der Gerichtshof nämlich festgestellt, eine Übereinkunft wie die vorstehend geschilderte zu schließen sei nicht erforderlich, weil die Anerkennung der in der EU ansässigen Gesellschaften in den Vorschriften über die Niederlassungsfreiheit zwingend vorausgesetzt sei.[195] Da jene Übereinkunft, besieht man den Begleitbericht hierzu, wohl auf das gesamte Personalstatut der europäischen Gesellschaften zu beziehen war, muss die "Überseering"-Entscheidung des EuGH dahingehend verstanden werden, dass die Bestimmung in Art. 49 AEUV über die Niederlassungsfreiheit die Anerkennung des gesamten Gesellschaftsstatuts mit einschließt. Der europäische Gesetzgeber teilt offenbar diese Sichtweise. Denn er hat bei der Abfassung des AEUV die Bestimmung in Art. 293 EGV a.F. als nunmehr entbehrlich ersatzlos entfallen

---

190 Palandt/Thorn, BGB, Anh. zu EGBGB 12 (IPR) Rn. 7.
191 Nämlich für den Fall, dass sich diese Anerkennung nicht bereits aus den übrigen Vorschriften des EGV erschließe.
192 Abgedruckt bei Lutter, Europäisches Unternehmensrecht, 4. Aufl. 1996, S. 698 ff.
193 Begleitbericht Goldmann Nr. 23: "Dieses Recht [gemeint ist das von Art. 6 des Abkommens berufene Gründungsrecht] ist für die Ausgestaltung ihrer Rechtsstellung maßgebend, die als einen Bestandteil auch [Hervorheb. durch Verf.] die Rechts-, Geschäfts- und Handlungsfähigkeit umfaßt" (zit. nach Drobnig AG 1973, 125, 127); anders die Denkschrift der Bundesregierung zu Art. 6 (BT-Drucks. 6/1976, S. 21).
194 Z.B. Beitzke AWD 1968, 91, 95; a.A. Drobnig AG 1973, 125, 127 m. w. Nachw. zum Meinungsstreit.
195 EuGH WM 2002, 2372, 2378 Rn. 59.

lassen. Mithin musste die Holding N.V. im Rahmen der Anteilseignerkontrolle mit allen ihren gesellschaftsrechtlichen Ausprägungen so akzeptiert werden, wie sie im niederländischen Recht vorgesehen sind. Deshalb ließ der Umstand, dass sich die Holding N.V. im Rahmen des niederländischen Gesellschaftsrechts bewegte, keinesfalls ein Unzuverlässigkeitsverdikt nach § 6 Abs. 2 S. 1 Nr. 1 BörsG zu.

b. **Keine konkrete Gefahr einer Beeinträchtigung der Durchführung und einer angemessenen Fortentwicklung des Börsenbetriebs**

aa. *Ordnungspolitische Einordnung der Vorschrift in § 6 Abs. 2 S. 1 Nr. 2 BörsG*

In öffentlichen Stellungnahmen zu der geplant gewesenen Fusion der Deutsche Börse AG und der NYSE Euronext ist die Befürchtung geäußert worden, der Zusammenschluss lasse Frankfurt zur Börsenprovinz werden; aus der Deutsche Börse AG werde eine Niederlassung mit lokaler Zuständigkeit.[196] Ferner wurden Bedenken vorgebracht, wenn der Aktienhandel in New York veranstaltet werde, bestünde für die mit dem Handel deutscher Aktien befassten Auslandsbanken kein Grund mehr, eine Frankfurter Niederlassung zu betreiben.[197] Gefordert wurde, es dürfe keinen Ausverkauf am Börsenplatz Frankfurt geben.[198] Ungeachtet entgegenstehender Beteuerungen[199] ging es also um standortpolitische Erwägungen.[200] Der schärfste Kritiker der Fusion aus dem Bereich der Rechtswissenschaften prognostizierte Arbeitsplatzabbau bei der Deutsche Börse AG am Finanzplatz Frankfurt und den Ausfall von Steuereinnahmen.[201] Will man diese Stellungnahmen börsenrechtlich verorten, kommt der Untersagungsgrund nach § 6 Abs. 2 S. 1 Nr. 2 BörsG in den Blick. Nach dieser Bestimmung kann die Aufsichtsbehörde den beabsichtigten Erwerb einer bedeutenden Beteiligung an einem Börsenträger untersagen, wenn hierdurch die Durchführung und angemessene Fortentwicklung des Börsenbetriebs beeinträchtigt wird. Offenbar wollen die zitierten Stimmen zum Ausdruck bringen, eine Provinzialisierung des

---

196 Frankfurter Allgemeine Zeitung v. 19.3.2011, S. 23.
197 Frankfurter Allgemeine Zeitung v. 23.3.2011, S. 37.
198 Börsen-Zeitung v. 17.2.2011, S. 4.
199 Burgard WM 2011, 1973, 1976.
200 Döring, Börsen-Zeitung v. 28.1.2012, S. 8: „eher standortpolitisch geprägte ... Widerstände" des „hessischen Wirtschaftsminister(s) ... als Börsenaufsicht".
201 Burgard, Zehn Irrtümer über den Zusammenschluss der Deutsche Börse AG mit NYSE Euronext, Nr. 8, Pressekonferenz zum Fusionsvorhaben Deutsche Börse/NYSE Euronext.

Frankfurter Börsenplatzes kollidiere mit dem Gebot, eine angemessene Fortentwicklung des Börsenbetriebs an der Frankfurter Börse nicht zu stören. Das wirft die Frage nach der Tragweite jener Bestimmung auf.

Die Anteilseignerkontrolle im Börsenbereich ist, wie schon mehrfach erwähnt, in Anlehnung an die Inhaberkontrolle im Versicherungs- und Kreditwesenbereich entwickelt worden. Trotz gewisser Parallelen, z.B. dem Erfordernis der Zuverlässigkeit des interessierten Erwerbers und seiner gesetzlichen und satzungsmäßigen Vertreter, gibt es aber auch einige bemerkenswerte Unterschiede. Während etwa § 2 c Abs. 1 b S. 1 Nr. 5 KWG den Untersagungsgrund der Terrorismusfinanzierung enthält, der in § 6 Abs. 2 BörsG fehlt, kennt § 6 Abs. 2 S. 1 Alt. 2 BörsG den Untersagungsgrund der Beeinträchtigung einer angemessenen Fortentwicklung des Börsenbetriebs, den es – bezogen auf Kreditinstitute – so in § 2 c Abs. 1 b KWG nicht gibt. Der einzige mit dem letztgenannten Versagungsgrund in § 6 Abs. 2 S. 1 Alt. 2 BörsG entfernt vergleichbare Versagungsgrund in § 2 c Abs. 1 b S. 1 Nr. 6 KWG ist das Fehlen einer Kapitalausstattung, die den Anforderungen an die gesetzlich vorgeschriebenen Eigenmittel genügt. Diese Bestimmung lässt indes die unternehmerische Strategie des Instituts gänzlich unberührt. Deshalb darf der Anteilseigner eines Instituts beispielsweise auf die Einstellung des Instituts hinarbeiten, etwa um es zu zerschlagen, solange er dabei die Regularien des KWG einhält. Dem Anteilseigner darf ein solches Verhalten nicht zum Nachteil gereichen, weil das Institut das Recht besitzt, jederzeit auf die ihm erteilte Banklizenz zu verzichten.[202] Das ist bei § 6 Abs. 2 S. 1 Nr. 2 BörsG anders. Hier darf ein Anteilsinhaber der Durchführung und Fortentwicklung des Börsenbetriebs nicht im Wege stehen, weil sich der Börsenträger nach herrschender[203], wenngleich angreifbarer Ansicht keineswegs durch einseitigen Akt seiner Börsenerlaubnis entledigen und sich damit der Betriebspflicht entziehen kann. Zudem ist hier zu gewichten, dass sich die Betriebspflicht des Börsenbetreibers nicht darin erschöpft, die Börse bei der Erhaltung des Status Quo des Börsenbetriebs zu unterstützen (gegenwartsbezogene Betriebspflicht). Vielmehr muss er die Börse bei der „Fort"entwicklung des Börsenbetriebs begleiten, also durch Bereitstellung von Mitteln zukunftsbezogen mit dafür sorgen, dass der Börsenbetrieb up to date ist.[204] Mithin reicht die Anteilsinhaberkontrolle in § 6 Abs. 2 BörsG weiter als diejenige in § 2 c KWG, indem sie gewisse unter-

---

202 Hammen WuB I L 1. § 2 c KWG 1.11.
203 Schwark/Zimmer/Beck, KMRK, § 4 BörsG Rn. 31; Posegga WM 2002, 2402, 2403.
204 Schwark WM 2000, 2517, 2520; Groß, Kapitalmarktrecht, 4. Aufl. 2009, § 5 BörsG Rn. 6; Burgard, Gutachten, S. 46 (= WM 2011, 2021, 2023). Zu den Einzelheiten vgl. Lorenz, Die Wertpapierbörse und ihr Träger, S. 95 ff.

nehmerische Entscheidungen des Anteilseigners ausschließt und seine Einflussnahme auf den Börsenträger einengt.[205]

Europarechtlich ist diese Gesetzeslage einwandfrei. Art. 38 Abs. 3 MiFID schreibt den Mitgliedstaaten vor, Änderungen der Beteiligungsverhältnisse zu untersagen, wenn eine Änderung die solide und umsichtige Verwaltung des geregelten Marktes gefährdet. Diese Fassung erlaubt, da die Mitgliedstaaten bei der Umsetzung von Richtlinien Gestaltungsspielräume besitzen (vgl. Art. 288 AEUV),[206] ohne weiteres Anteilseignerkontrolltatbestände wie denjenigen in § 6 Abs. 2 S. 1 Nr. 2 BörsG. Freilich darf dieser Umstand nicht zu dem Schluss verleiten, diese Vorschrift gestatte es der Börsenaufsichtsbehörde, mit der Beteiligungskontrolle Industriepolitik, z.b. Standortpolitik zu betreiben. Denn die europäische Finanzmarktgesetzgebung ist darauf angelegt, es im Bereich des Finanzmarktaufsichtsrechts den nationalen Behörden bei der Ausübung der ihnen vom europäischen Recht übertragenen Kontrollaufgaben zu verwehren, industriepolitische Erwägungen anzustellen. Dies wird erstens aus dem Umstand deutlich, dass es Erwägungsgrund 6 S. 2 der Änderungsrichtlinie 2007/44/EG und deren Art. 5 (Art. 19 Abs. 8 der RL 2006/48/EG) den Mitgliedstaaten untersagen, weiterreichende, strengere Vorschriften für die Anteilseignerkontrolle auf dem Gebiet des Kredit- und Versicherungswesen zu erlassen. Und es folgt zweitens aus dem Bestreben dieser Richtlinie, den Mitgliedstaaten für die Beteiligungskontrolle im Kredit- und Versicherungswesen eine "begrenzte Zahl klarer Beurteilungskriterien rein aufsichtsrechtlicher Art" vorzugeben (Erwägungsgrund 3 S. 1). Hiernach dürfen die Behörden der Mitgliedstaaten nämlich bei der Prüfung des beabsichtigten Erwerbs keinesfalls auf die wirtschaftlichen Bedürfnisse des Marktes abstellen (Art. 5 [Art. 19 a Abs. 3 der RL 2006/48/EG]; vgl. § 2 c Abs. 1 a S. 3 KWG[207]).

Ausdrückliche Festlegungen dieser Art fehlen zwar in den europäischen und den deutschen Vorschriften über die Kontrolle des Erwerbs bedeutender Beteiligungen an Börsenträgern. Gleichwohl können bei der Auslegung von § 6 Abs. 2 BörsG die aus den geschilderten Festlegungen der Richtlinie 2007/44/EG folgenden ordnungspolitischen Grundsätze des europäischen Rechts nicht unberücksichtigt bleiben. Deshalb herrscht in Deutschland die Auffassung, dass das

---

205 Bressler, Public Private Partnership im Bank- und Börsenrecht durch Beleihung mit einer Anstaltsträgerschaft, S. 178.
206 Das wird von Christoph WM 2004, 1856, 1864 nicht gewichtet. Im Ergebnis wie hier Bressler, Public Private Partnership im Bank- und Börsenrecht durch Beleihung mit einer Anstaltsträgerschaft, S. 179; Burgard, Gutachten, S. 24 f. (= WM 2011, 1973, 1976).
207 BT-Drucks. 16/11448, S. 4.

Instrument der Anteilseignerkontrolle keinesfalls als Mittel der Industrie- bzw. Standortpolitik eingesetzt werden darf, etwa zu protektionistischen Zwecken, zur Überfremdungsabwehr, zur Verhinderung von Börsenkooperationen oder um nicht genehme Inhaber fernzuhalten.[208] Ausgeschlossen ist zudem eine Einflussnahme auf unternehmerische Ermessensentscheidungen.[209] Deshalb ist die Interpretation von § 6 BörsG strikt auf den durch den Gesetzgeber vorgegebenen Zweck hin auszurichten, die Funktionsfähigkeit des Börsenbetriebs zu sichern.[210]

Nach einer vereinzelten Meinung ist demgegenüber eine weitere Auslegung der Vorschrift in § 6 Abs. 2 BörsG angezeigt. Hiernach dient die börsenrechtliche Anteilseignerkontrolle nicht nur dem Schutz der Funktionsfähigkeit der Börse sondern auch dem Schutz des Kapitalmarkts und des Finanzsystems insgesamt.[211] Hierfür wird auf eine Gesamtschau der §§ 6 BörsG, 2 c KWG, 104 VAG, insbesondere offenbar auf eine Wendung in den Gesetzesmaterialien[212] zu § 2 c KWG abgestellt, wo es heißt, es sei das Ziel dieser Vorschrift, das Bankssystem und das weitere Finanzsystem vor der Einspeisung inkriminierter Gelder zu bewahren.[213] Dieser Auffassung steht, wie von ihrem Vertreter selbst einge-

---

208 Schäfer/Hamann/Ledermann, KMG, § 3 BörsG Rn. 6; Schwark/Zimmer/Beck, KMRK, § 6 BörsG Rn. 17; Baumbach/Hopt, HGB, § 6 BörsG Rn. 1; Merkt, Gutachten G zum 64. Deutschen Juristentag, 2002, G 93; Hammen, in: H. Hammen (Hrsg.), Interessenkonflikte beim Börsengang von Börsen, S. 13, 28; Christoph WM 2004, 1856, 1866; ders. ZBB 2005, 82, 88, 90; ders., Börsenkooperationen und Börsenfusionen, S. 228, 344; Bressler, Public Private Partnership im Bank- und Börsenrecht durch Beleihung mit einer Anstaltsträgerschaft, S. 168 f.; Schönemann, Die Organisationsstruktur der Börse, S. 256; Lepzcyk, Rechtliche Aspekte internationaler Börsenfusionen, S. 141; Burgard, Gutachten, S. 24, 32 (= WM 2011, 1973, 1976, 1979); a.A. Fenchel DStR 2002, 1355, 1356: „unverzichtbarer Standortsicherungsfaktor"; vgl. auch Uwe H. Schneider/Burgard WM 2000 Sonderbeilage 3, S. 24, 36, nach denen bei der Erteilung der Börsenerlaubnis Belange des Finanzplatzes Deutschland mitbedacht werden müssen (hiergegen Schwark WM 2000, 2517, 2527); ähnlich Köndgen, „Die Aufsichtsbehörde muss einen Entzug der Börsenzulassung prüfen", Frankfurter Allgemeine Zeitung v. 22.8.2000, S. 32. Richtig demgegenüber Bouffier, „Finanzplatz muss krisenfest werden", Börsen-Zeitung v. 11.5.2011, S. 5 zu der angestrebten Fusion zwischen Deutscher Börse und NYSE Euronext: „Dabei ist das amtliche Aufsichtsverfahren, bei dem feste Regeln zu beachten sind, und die politische Absicht der Landesregierung, den Finanzplatz zu stärken, zu unterscheiden."
209 Schäfer/Hamann/Ledermann, KMG, § 3 BörsG Rn. 6.
210 Baumbach/Hopt, HGB, § 6 BörsG Rn. 1.
211 Burgard, Gutachten, S. 23 (= WM 2011, 1973, 1976).
212 BT-Drucks. 13/9874, S. 139.
213 Burgard, Gutachten, S. 18, 19, 23.

räumt wird,[214] entgegen, dass der Zweck von § 2 c KWG, die Einspeisung krimineller Gelder in das Finanzsystem zu verhindern, bei Börsen eine zu vernachlässigende Rolle spielt.[215] Deshalb kann die hierauf bezogene Wendung in den Gesetzesmaterialien zu § 2 c KWG, es gehe um den Schutz des Banksystems und des weiteren Finanzsystems keineswegs für die Auslegung von § 6 Abs. 2 BörsG nutzbar gemacht werden. Eine solche Ausdehnung ist zudem mit dem Wortlaut der letztgenannten Vorschrift unvereinbar. Wenn § 6 Abs. 2 S. 1 Nr. 2 BörsG auf die Durchführung und angemessene Fortentwicklung "des" Börsenbetriebs abstellt, wird damit auf die Betriebspflicht eines konkreten Börsenträgers gegenüber einer ganz bestimmten Börse Bezug genommen. Betrachtet man nun die Betriebspflicht der Deutsche Börse AG, so erweist sich, dass dieser Träger für eine Ausstattung der FWB mit den erforderlichen finanziellen, personellen und sachlichen Mitteln zu sorgen (§ 5 Abs. 1 S. 2 BörsG), keinesfalls aber Verantwortung für den Schutz des Kapitalmarkts insgesamt oder gar für das gesamte Finanzsystem zu tragen hat.[216]

Vielmehr hat schon vor über 10 Jahren, als es um den dann gescheiterten Zusammenschluss der Gruppe Deutsche Börse mit der London Stock Exchange (Projekt iX) ging, der Altmeister des deutschen Börsenrecht, Eberhard Schwark, hierzu geschrieben, es sei ökonomisch sinnvoll, im Emittenten- und Investoreninteresse möglichst großvolumige, liquide Märkte an der Markteinrichtung zu schaffen und hierbei die Transaktionskosten niedrig zu halten, um damit die eigene Marktposition zu verbessern und zugleich den Bedürfnissen der Kunden gerecht zu werden. Deshalb könne es geboten sein, die Börse über den nationalen Rahmen hinaus zu einer Einrichtung weiter zu entwickeln, die weltweit Emittenten und Investoren anspreche. Nationale Rechtsordnungen dürften – so sagt Schwark weiter – die Etablierung transnationaler Börsen nicht behindern, sofern fairer Handel, korrekte Preisbildung und günstige Transaktionskosten gesichert seien. Insbesondere im europarechtlichen Kontext dürfe die Förderung des Finanzplatzes Deutschland keineswegs auf die Forderung verengt werden, der Wertpapierhandel mit deutschen Beteiligten müsse in Frankfurt verbleiben. Erlaubt sei der Aufsichtsbehörde allenfalls, den „Ausverkauf" einer Börse zu verhindern.[217]

Im europarechtlichen Kontext betrachtet verstößt die vorstehend wiedergegebene ausdehnende Auslegung von § 6 Abs. 2 BörsG gegen das Gebot richtlinienkonformer Auslegung umgesetzten Richtlinienrechts. Zwar lässt sich diese

---

214 Burgard, Gutachten, S. 26 (= WM 2011, 1973, 1977).
215 Vgl. Schwark/Zimmer/Beck, KMRK, § 6 BörsG Rn. 16.
216 Posegga WM 2002, 2402, 2403 mit Fn. 17.
217 Schwark WM 2000, 2517, 2518 f.

Vorschrift, anders als es im Schrifttum vertreten wird,[218] sehr wohl mit Art. 38 Abs. 3 MiFID vereinbaren.[219] Mit ihrem doch recht weit gefassten Untersagungstatbestand in § 6 Abs. 2 S. 1 Nr. 2 BörsG ist dann allerdings der Regelungsspielraum, den Art. 38 Abs. 3 MiFID lässt, ausgeschöpft. Nichtsdestoweniger wird der Nachweis versucht, die MiFID erlaube strengere nationale Vorschriften.[220] Hierfür wird vorgebracht, im Blick auf die Zulassung als geregelter Markt stelle Art. 36 Abs. 1 MiFID klar, dass es sich bei den Anforderungen dieses Titels der Richtlinie über geregelte Märkte um Mindestanforderungen („zumindest") handele. Diese Verallgemeinerung ist unstatthaft. In Art. 38 Abs. 3 MiFID sind nämlich die Voraussetzungen für eine Untersagung eines Anteilserwerbs abschließend geregelt, weil dort das „insbesondere" fehlt. Hierhin kann dieses „insbesondere" auch nicht im Wege einer Art Gesamtanalogie für Titel III der MiFID transportiert werden, weil die MiFID den Mitgliedstaaten nur dort den Erlass strengerer Regeln erlaubt, wo sie dies wie in Vorschriften, die das „insbesondere" enthalten, selbst ausdrücklich anordnet. Das ist in der Richtlinie zwar nirgendwo expressis verbis gesagt, wird aber deutlich, wenn man den Übergang von der Wertpapierdienstleistungsrichtlinie 93/22/EWG zu ihrer Nachfolgerichtlinie, der MiFID, im Lichte der EuGH-Rechtsprechung zur abschließenden Harmonisierung des Rechts der Mitgliedstaaten betrachtet. Erwägungsgrund 27 der WDRL erlaubte generell den Mitgliedstaaten, hinsichtlich der Zulassungsbedingungen und der aufsichtsrechtlichen Auflagen strengere Regelungen als die in der Richtlinie festgelegten Bestimmungen zu erlassen. Erwägungsgrund 39 der WDRL überließ die Regulierung der Struktur der geregelten Märkte dem einzelstaatlichen Recht vollständig. Die MiFID, die die WDRL abgelöst hat, bietet ein genau umgekehrtes Bild. Die geregelten Märkte werden ausführlich reguliert und eine Erwägungsgrund 27 der WDRL vergleichbare Bestimmung fehlt in der MiFID vollständig. Stattdessen strebt die MiFID eine Harmonisierung von Schutzvorschriften auf hohem Niveau an (Erwägungsgrund 2 der MiFID). Hier kommt nun die vorgenannte Rechtsprechung des EuGH zum Tragen. Der EuGH hat entschieden, dass die Regeln einer Richtlinie abschließend sind, also schärfere Vorschriften nationalen Rechts ausschließen, wenn die Kompetenzbestimmung im europäischen Vertragswerk, auf der die Richtlinie beruht, der Koordinierung von Vorschriften des nationalen Rechts dient und wenn aus der Richtlinie hervorgeht, dass sie Unterschiede im Recht der Mitgliedstaaten beseitigen will.[221] Diese Rechtsprechung betrifft auch Art.

---

218 Schwark/Zimmer/Beck, KMRK, § 6 BörsG Rn. 18; Christoph, Börsenkooperationen und Börsenfusionen, S. 229.
219 Vgl. oben bei Fn. 206.
220 Burgard, Gutachten, S. 25 (= WM 2011, 1973, 1976).
221 EuGH NJW 2003, 3332 f. Rn. 67, 68.

38 Abs. 3 MiFID. Die MiFID beruht insbesondere auf der Kompetenzbestimmung in Art. 47 Abs. 2 EGV (Art. 53 Abs. 1 AEUV), die der EU die „Koordinierung der Rechts- und Verwaltungsvorschriften der Mitgliedstaaten" über die Aufnahme und Ausübung selbstständiger Tätigkeiten aufgibt. Und der angeführte Erwägungsgrund 2 der MiFID setzt dieser Richtlinie eben auch dieses Koordinierungsziel, ohne dass in den Erwägungsgründen der MiFID den Mitgliedstaaten im Allgemeinen Spielräume für schärfere Anforderungen belassen werden. Deshalb dürfen die Mitgliedstaaten solche Anforderungen nur stellen, wo dies in der MiFID im Einzelfall ausdrücklich zugelassen ist. So verhält es sich bei Art. 36 MiFID für die Zulassung eines geregelten Markts, nicht aber bei Art. 38 Abs. 3 MiFID für den Erwerb einer bedeutenden Beteiligung an dem geregelten Markt. Mithin darf § 6 Abs. 2 BörsG nicht weiter ausgelegt werden, als Art. 38 Abs. 3 MiFID reicht. Die letztgenannte Vorschrift erlaubt nun aber der Aufsichtsbehörde eine Verweigerung der Genehmigung des Anteilserwerbs nur dann, wenn die solide und umsichtige „Verwaltung des geregelten Marktes" gefährdet wird. Diese Regelung ist auf den konkreten geregelten Markt bezogen, an dem eine Beteiligung erworben werden soll. Von einem Schutz des Kapitalmarkts oder gar des ganzen Finanzsystems, von einer Gewährleistung und Steigerung der Attraktivität und der internationalen Wettbewerbsfähigkeit des Finanzplatzes Deutschland ist dort nicht die Rede. Deshalb dürfen diese Aspekte, anders als es manche meinen,[222] bei der Anteilseignerkontrolle nach § 6 Abs. 2 BörsG keine Rolle spielen.[223]

Zulässig sind demnach – wie im folgenden Kapitel herausgearbeitet werden wird – Untersagungsverfügungen im Bereich von § 6 Abs. 2 S. 1 Nr. 2 BörsG, wenn durch einen Erwerb einer bedeutenden Beteiligung die Erfüllung der Betriebspflicht des Börsenträgers gegenüber der von ihm getragenen Börse gefährdet wird.[224]

bb. Keine Beeinträchtigung des Börsenbetriebs

Der zweite in § 6 Abs. 2 S. 1 BörsG geregelte Untersagungsgrund betrifft den Einfluss des Erwerbs einer bedeutenden Beteiligung auf den „Börsenbetrieb", nämlich auf seine „Durchführung" und auf seine „angemessene Fortentwicklung". Mit „Börsenbetrieb" ist, wie beispielsweise aus §§ 3 Abs. 10, 4 Abs. 5 S. 1 Nr. 1 BörsG deutlich wird, das Geschehen an der Börse (Börsenhandel, Zulas-

---

222 Burgard, Gutachten, S. 23, 32 f. (= WM 2011, 1973, 1976, 1979).
223 Schwark WM 2000, 2517, 2527.
224 Schwark/Zimmer/Beck, KMRK, § 6 BörsG Rn. 17; Hammen, in: H. Hammen (Hrsg.), Interessenkonflikte beim Börsengang von Börsen, S. 13, 28.

sungswesen u.a.) gemeint. Auf diesen Börsenbetrieb, seine Gestaltung und Weiterentwicklung haben der Börsenträger und seine Anteilseigner keinen *unmittelbaren* Einfluss, weil diese Angelegenheiten von Organen, der Geschäftsführung und dem Börsenrat, der Börse als einer selbstständigen Einrichtung erledigt werden (vgl. insbes. § 12 Abs. 2 S. 2, 16 Abs. 1 BörsG). Befasst ist der Börsenträger, was den Börsenbetrieb angeht, lediglich mit Fragen der Erfüllung der ihm aus der Börsenerlaubnis erwachsenden Betriebspflicht (§ 5 Abs. 1 BörsG). Der Börsenträger ist nämlich nach § 5 Abs. 1 S. 2 BörsG verpflichtet, der Börse auf Anforderung der Geschäftsführung der Börse die *zur Durchführung und angemessenen Fortentwicklung des Börsenbetriebs* erforderlichen finanziellen, personellen und sachlichen Mittel zur Verfügung zu stellen. Also ist auch die Anteilseignerkontrolle gemäß § 6 Abs. 2 S. 1 Nr. 2 BörsG auf die Einhaltung der Betriebspflicht zu beziehen.[225]

Was den Einfluss der Holding N.V. als Inhaber einer bedeutenden Beteiligung an der Deutsche Börse AG als Trägerin der Frankfurter Wertpapierbörse angegangen wäre, sind – bezogen auf den seinerzeit bekannten Stand des Fusionsvorhabens – zwei Formen einer gegebenenfalls ungünstigen Einflussnahme des Anteilsinhabers auf die Erfüllung der Betriebspflicht des Börsenträgers zu diskutieren. Erstens ist zu fragen, ob der Börsenträger infolge der Fusion nachteiligen Weisungen der Holding N.V. in Bezug auf die Erfüllung der Betriebspflicht ausgesetzt gewesen wäre (unten cc.). Und es ist zweitens zu prüfen, ob der von der Deutsche Börse AG und der Holding N.V. in Aussicht genommene Gewinnabführungsvertrag die Fähigkeit der Deutsche Börse AG beeinträchtigt hätte, der Börse die für den Börsenbetrieb erforderlichen Mittel zur Verfügung zu stellen (unten dd.).

cc. Unmaßgeblichkeit nachteiliger Weisungen aufgrund eines Beherrschungsvertrags

Einer der Hauptkritikpunkte an der geplant gewesenen Fusion war der in Aussicht genommene Abschluss eines Beherrschungsvertrags. Der hessische Wirtschaftsminister befürchtete, die Holding N.V. hätte der Deutsche Börse AG nach Abschluss eines solchen Vertrags Weisungen erteilen können, die eine gedeihliche Entwicklung der Börse in wirtschaftlicher Hinsicht hätten beeinträchtigen

---

225 Schwark/Zimmer/Beck, KMRK, § 6 BörsG Rn. 13; Christoph WM 2004, 1856, 1858; Groß, Kapitalmarktrecht, § 6 BörsG Rn. 14. – Dass es neben der Erfüllung der Betriebspflicht keine anderen Kriterien für eine Anteilseignerkontrolle nach § 6 Abs. 2 S. 1 Nr. 2 BörsG gibt, wird auch von Burgard, Gutachten, S. 8, 26, 33, 42, 57 (= WM 2011, 1973, 1976, 1979, 1982; WM 2011, 2012, 2026 f.) eingeräumt.

können.[226] Hätten die Deutsche Börse AG und die Holding N.V. wie geplant einen Beherrschungsvertrag geschlossen, wäre die Holding N.V. in der Tat berechtigt gewesen, dem Vorstand der Deutsche Börse AG Weisungen zu erteilen (§ 308 Abs. 1 S. 1 BörsG[227]). Diese Befugnis umfasst das Recht des herrschenden Unternehmens, Weisungen zu erteilen, die für das beherrschte Unternehmen nachteilig sind.[228] Im Zusammenhang mit der Betriebspflicht wäre etwa an Weisungen zu denken, die den Börsenträger von der Fortentwicklung des Börsenbetriebs abhalten würden. Das Recht, dem Vorstand des Börsenträgers nachteilige Weisungen zu erteilen, ist nun freilich nicht geeignet, die Annahme zu rechtfertigen, der Abschluss eines Beherrschungsvertrags beeinträchtige die Durchführung und angemessene Fortentwicklung des Börsenbetriebs, weil das Weisungsrecht des herrschenden Unternehmens keineswegs grenzenlos ist. Vielmehr sind Weisungen fehlerhaft, wenn sie den der beherrschten Gesellschaft auferlegten öffentlichrechtlichen (z.B. umwelt- oder steuerrechtlichen) Pflichten zuwiderlaufen.[229] Zu diesen öffentlichrechtlichen Pflichten mit Vorrang vor Weisungen aufgrund eines Beherrschungsvertrags zählt auch die Betriebspflicht des Börsenträgers.[230] Diese Rechtslage hatten die an der Fusion von Deutsche Börse AG und NYSE Euronext Beteiligten akzeptiert. Denn in der Angebotsunterlage über das freiwillige öffentliche Übernahmeangebot (S. 52) war erklärt worden, nur „innerhalb der rechtlich vorgegebenen Grenzen" einen beherrschenden Einfluss ausüben zu wollen.

Unzulässig sind zudem Weisungen, die der Satzung des beherrschten Unternehmens zuwiderlaufen. Das ist durch den Umstand bedingt, dass Weisungen, die aufgrund eines Beherrschungsvertrags ergehen, nur dem Vorstand der beherrschten Gesellschaft als dem Organ der an dem Beherrschungsvertrag betei-

---

226 Börsen-Zeitung v. 22.12.2011, S. 3; Posch, Handelsblatt v. 20.01.2012, S. 38; Börsen-Zeitung v. 31.1.2012, S. 5.
227 Bei einer internationalen Über-Unterordnungsbeziehung, in der eine inländische AG einem ausländischen Unternehmen untergeordnet ist, greifen diejenigen Vorschriften des deutschen Aktiengesetzes ein, die von den Interessen untergeordneter Unternehmen geprägt sind (Koppensteiner, in: Kölner Komm. AktG, Vorb. § 291 Rn. 183; Schwark WM 2000, 2517, 2525 für den beherrschten Börsenträger).
228 Wenn sie den Belangen des herrschenden Unternehmens dienen (§ 308 Abs. 1 S. 2 BörsG).
229 Vgl. BGHZ 125, 366, 372; OLG Frankfurt GmbHR 1997, 346; OLG Naumburg GmbHR 1999, 1028; Scholz/Uwe H. Schneider, GmbHG, 10. Aufl. 2007, § 37 Rn. 51 (zu Weisungen der Gesellschafter an den Geschäftsführer einer GmbH).
230 Schwark/Zimmer/Beck, KMRK, § 6 BörsG Rn. 14; Schwark WM 2000, 2517, 2526; Bressler, Public Private Partnership im Bank- und Börsenrecht durch Beleihung mit einer Anstaltsträgerschaft, S. 128; Christoph ZBB 2005, 82, 91.

ligten Gesellschaft hinsichtlich der Leitung dieser Gesellschaft erteilt werden können (§ 308 Abs. 1 S. 1 AktG), der aber mit Angelegenheiten der Satzung nicht befasst ist. Diese Angelegenheiten liegen vielmehr in den Händen der Aktionäre (§§ 119 Abs. 1 Nr. 5, 179 AktG), die indes durch den Beherrschungsvertrag nicht gebunden werden und deren Zuständigkeiten nicht Gegenstand des Beherrschungsvertrags sein können. Da der Tätigkeitsbereich des Vorstands den Schranken der Satzung unterliegt, würde eine Weisung, die der Satzung zuwiderläuft, den Vorstand zu gesellschaftsrechtswidrigem Verhalten zwingen. Dies kann nicht Gegenstand eines Beherrschungsvertrags sein.[231]

Von praktischer Bedeutung ist das Problem mit der Satzung der beherrschten Gesellschaft kollidierender Weisungen vornehmlich in Bezug auf den in der Satzung festgelegten Unternehmensgegenstand. Gegenstand des Unternehmens der Deutsche Börse AG ist nach § 2 Abs. 1 lit. a ihrer Satzung „der Betrieb von Börsen, insbesondere Wertpapierbörsen, nach Maßgabe der gesetzlichen Bestimmungen". Die einzige Börse, welche die Deutsche Börse AG – und zwar nach Maßgabe der Vorschrift in § 5 Abs. 1 BörsG über die Betriebspflicht – (unmittelbar) betreibt, ist die Frankfurter Wertpapierbörse. Deshalb wären alle Weisungen der Holding N.V., die die Erfüllung der Betriebspflicht der Deutsche Börse AG nach Maßgabe der gesetzlichen Bestimmung in § 5 Abs. 1 BörsG beeinträchtigt hätten, ihrer Satzung zuwider gelaufen und deshalb unzulässig gewesen.

Unzulässigen Weisungen darf der Vorstand der beherrschten Gesellschaft nicht folgen.[232] Tut er dies gleichwohl, macht er sich seiner Gesellschaft gegenüber schadensersatzpflichtig (§ 310 Abs. 1 S. 1 AktG);[233] deshalb hätte der Vorstand der Deutsche Börse AG keine Weisungen befolgen dürfen, durch die seine Betriebspflicht gegenüber der FWB verletzt worden wäre.[234] Bei fortgesetzt unzulässigen Weisungen oder bei Unfähigkeit des herrschenden Vertragsteils, seine Vertragspflichten, etwa aus § 302 AktG, zu erfüllen, hat der Vorstand das Recht, gegebenenfalls sogar die Pflicht zur Kündigung des Beherrschungsvertrags aus wichtigem Grund gemäß § 297 AktG.[235] Die Entscheidung über die Kündigung liegt als Geschäftsführungsmaßnahme beim Vorstand (§§ 76, 299 AktG), der dabei nicht auf die Sicht eines Großaktionärs abstellen muss.[236]

---

231 Vgl. Koppensteiner, in: Kölner Komm. AktG, § 308 Rn. 55.
232 K. Schmidt/Lutter (Hrsg.)/Langenbucher, AktG, II. Bd., 2008, § 308 Rn. 37, 39.
233 Hüffer, AktG, § 310 Rn. 3: Prüfung der Rechtmäßigkeit von Weisungen.
234 Vgl. Christoph ZBB 2005, 82, 91.
235 K. Schmidt/Lutter (Hrsg.)/Langenbucher, AktG, § 308 Rn. 37; Hüffer, AktG, § 297 Rn. 4.
236 K. Schmidt/Lutter (Hrsg.)/Langenbucher, AktG, § 308 Rn. 26.

Hierdurch war ausreichend sichergestellt, dass die Erfüllung der Betriebspflicht der Deutsche Börse AG bezogen auf die Durchführung und angemessene Fortentwicklung des Börsenbetriebs nicht durch die bedeutende Beteiligung der Holding N.V. an der Deutsche Börse AG und den mit ihr abzuschließenden Beherrschungsvertrag beeinträchtigt worden wäre.

dd. Keine rechtserheblichen Gefahren für den Börsenbetrieb durch einen Gewinnabführungsvertrag

In öffentlichen Stellungnahmen zu dem in Rede stehenden Fusionsvorhaben ist – inhaltlich richtig – hervorgehoben worden, das zwischen den Beteiligten abgeschlossene Business Combination Agreement sehe vor, dass die Deutsche Börse AG nach Abschluss eines Gewinnabführungsvertrags ihre Gewinne an die Holding N.V. abführen müsse.[237] Soweit man damals gemeint haben sollte, es sei infolge dieses Vertrags unsicher, ob die Deutsche Börse AG zukünftig stets ihre Betriebspflicht erfüllen könne, ist diese Sorge unbegründet gewesen. Zwar ist es bei Gewinnabführungsverträgen im Allgemeinen nicht von vorneherein ausgeschlossen, dass eine abführungspflichtige Gesellschaft infolge ihres Status als Konzerngesellschaft finanziell austrocknet.[238] Bei der Deutsche Börse AG hätte diese Gefahr indes nicht gedroht, weil zum Schutze der Aktiengesellschaft und ihrer Gläubiger (vgl. die Überschrift vor § 300 AktG), also auch der Börse, gegen Aushöhlung der bilanziell darstellbaren Gesellschaftssubstanz die Bestimmungen in §§ 300, 301 AktG wirken.[239] Hiernach hätte der andere Vertragsteil, also die Holding N.V., keineswegs beliebig in die Kasse der Gesellschaft, der Deutsche Börse AG, greifen dürfen. Vielmehr darf die Gesellschaft gemäß § 301 AktG als ihren Gewinn – vereinfacht formuliert – höchstens den entstehenden Jahresüberschuss abführen; einen unterjährigen Anspruch auf einen „Vorschuss" hierauf gibt es nicht.[240] Die so gestaltete Abführungspflicht gefährdet die Erfüllung der Betriebspflicht eines Börsenträgers nicht. Der Jahresüberschuss ist der im Geschäftsjahr neu erzielte Gewinn vor Ergebnisverwendung.[241] Dieser Gewinn wird indes durch die im laufenden Geschäftsjahr auf die Betriebspflicht geleisteten Mittel vermindert.[242] Gegebenenfalls sind Rückstellungen für künftige Verbindlichkeiten (Betriebspflicht) aus dem Beleihungsverhält-

---

237 Frankfurter Allgemeine Zeitung v. 19.3.2011, S. 23.
238 Vgl. Kümpel/Hammen WM 2000, Sonderbeilage 3, S. 3, 12.
239 Hüffer, AktG, § 300 Rn. 1, § 301 Rn. 1.
240 Hüffer, AktG, § 291 Rn. 30: Unzulässigkeit der Übertragung von Einzelergebnissen während des Geschäftsjahres (§ 59 AktG).
241 Baumbach/Hopt/Merkt, HGB, § 275 Rn. 24.
242 So im Ansatz richtig Burgard, Gutachten, S. 57 (= WM 2011, 2021, 2026).

nis zu bilden.[243] Und von der Erfüllung seiner Betriebspflicht darf der Börsenträger nicht abgehalten werden, selbst wenn ein Beherrschungs- und Gewinnabführungsvertrag besteht.[244] Deshalb bedarf es nicht einmal der im Schrifttum[245] zur Sicherstellung der Erfüllung der Betriebspflicht vorgeschlagenen Vereinbarung, nach der der Börsenträger nur den Gewinn an die Holding abführen muss, den er nicht für Investitionen in den Börsenbetrieb benötigt.

Überdies hat der andere Vertragsteil jeden während der Dauer des Gewinnabführungsvertrags entstehenden Jahresfehlbetrag auszugleichen (§ 302 AktG). Hierdurch wird die Aktiengesellschaft, soweit die Solvenz und Liquidität der anderen Vertragspartei reicht, vor Insolvenz abgeschirmt.[246] Insgesamt werden die Möglichkeiten der abhängigen Gesellschaft, ihre Pflichten erfüllen zu können, durch einen Gewinnabführungsvertrag von Fall zu Fall sogar verbessert. Denn der Ausgleichsanspruch besteht nicht nur dann, wenn er sich aus Umständen ergibt, die mit dem Unternehmensvertrag selbst zu tun haben, sondern auch dann, wenn sich allgemeine Risiken (Forderungsausfall, Unglücksfälle, Misswirtschaft) im Rechenwerk der abhängigen Gesellschaft niederschlagen,[247] deren Eintritt – gäbe es den Ausgleichsanspruch nicht – die Solvenz der Gesellschaft gefährden würde. Hierdurch unterscheidet sich die Lage eines abhängigen Börsenträgers beispielsweise von der Situation eines börsennotierten Börsenträgers, dessen Aktien sich im Streubesitz befinden. Gerät ein solcher Börsenträger in eine Schieflage, steht ihm keinerlei Anspruch gegen seine Aktionäre zu, der demjenigen aus § 302 AktG vergleichbar wäre.[248] Auch eine Kapitalerhöhung zur Beseitigung finanzieller Engpässe ist von der Mitwirkung der Aktionäre abhängig. Hier kann nicht einmal die Börsenaufsichtsbehörde helfen, weil die Anteilseignerkontrolle gemäß § 6 Abs. 4 BörsG erst einsetzt, wenn ein Aktionär eine bedeutende Beteiligung an dem Träger hält.

§ 302 AktG schützt die abhängige Gesellschaft zwar nicht vor Illiquidität während des laufenden Geschäftsjahres, weil der Ausgleichsbetrag erst nach

---

243 Bressler, Public Private Partnership im Bank- und Börsenrecht durch Beleihung mit einer Anstaltsträgerschaft, S. 356 ff.
244 Schwark WM 2000, 2517, 2526; Lepczyk, Rechtliche Aspekte internationaler Börsenfusionen, S. 181 ff., 184.
245 Lepczyk, Rechtliche Aspekte internationaler Börsenfusionen, S. 181.
246 Altmeppen, in: MünchKomm. AktG, Einl. §§ 291 ff. Rn. 24; Koppensteiner, in: Kölner Komm. AktG, § 302 Rn. 16; Schwark WM 2000, 2517, 2525; im Ansatz ebenso Burgard, Gutachten, S. 57 (= WM 2011, 2021, 2026).
247 Koppensteiner, in: Kölner Komm. AktG, § 302 Rn. 18.
248 Christoph ZBB 2005, 82, 91; vgl. ferner Schwark WM 2000, 2517, 2524.

Ende des Geschäftsjahres zu zahlen ist[249] und weil keine Verpflichtung zur Aufrechterhaltung der Liquidität der beherrschten Gesellschaft besteht.[250] Eine solche Illiquidität resultiert dann aber aus dem gewöhnlichen Geschäftsgang der abhängigen Gesellschaft, keineswegs aus dem Gewinnabführungsvertrag, weil der Anspruch auf Abführung des Gewinns ebenfalls erst zum Ende des Geschäftsjahres entsteht. Auch Weisungen aufgrund eines Beherrschungsvertrags können, jedenfalls was die Erfüllung der Betriebspflicht angeht, nicht zur Illiquidität der abhängigen Gesellschaft führen. Dabei kann die Frage, ob es untersagt ist, der beherrschten Gesellschaft durch Weisungen derzeit und in absehbarer Zukunft benötigte Liquidität zu entziehen,[251] unbeantwortet bleiben. Denn jedenfalls bezüglich solcher Mittel, die für die Erfüllung der Betriebspflicht eines abhängigen Börsenträgers benötigt werden, scheiden solche nachteiligen Weisungen aus, weil das herrschende Unternehmen den abhängigen Börsenträger nicht durch Weisungen von der Erfüllung öffentlichrechtlicher Pflichten abhalten darf.

Ein herrschendes Unternehmen kann die Ergebnisermittlung nur sehr begrenzt zum Nachteil der abhängigen Gesellschaft beeinflussen. Zwar erlaubt ein zusammen mit einem Gewinnabführungsvertrag abgeschlossener Beherrschungsvertrag auch Weisungen zur Ergebnisermittlung. Solche Weisungen sind indes nur im Rahmen der gesetzlichen Vorschriften und der Grundsätze ordnungsgemäßer Buchführung zulässig. Hierüber wacht der Aufsichtsrat der abhängigen Gesellschaft, der an Weisungen des herrschenden Unternehmens nicht gebunden ist,[252] weil die Aufsichtsratsmitglieder nicht Partner des Unternehmensvertrags sind, weil § 291 Abs. 1 S. 1 Alt. 1 AktG in einem Deutungszusammenhang mit § 76 Abs. 1 AktG („Leitung") steht und weil eine § 308 Abs. 1 S. 1 AktG entsprechende Vorschrift den Aufsichtsratsmitgliedern gegenüber fehlt (vgl. auch § 308 Abs. 3 AktG). Unzulässige Weisungen sind sanktionsbewehrt. Es haften nicht nur die gesetzlichen Vertreter des herrschenden Unternehmens gemäß § 309 AktG und das herrschende Unternehmen selbst wegen Verletzung von Pflichten aus dem Unternehmensvertrag, sondern auch Vorstand und Aufsichtsrat der beherrschten Gesellschaft, wenn sie im vorauseilenden Ge-

---

249 Koppensteiner, in: Kölner Komm. AktG, § 302 Rn. 16.
250 Koppensteiner, in: Kölner Komm. AktG, § 302 Rn. 16; a.A. wohl Hommelhoff WM 1984, 1105, 1112, 1117; Lepczyk, Rechtliche Aspekte internationaler Börsenfusionen, S. 180.
251 Nach herrschender Meinung sind existenzgefährdende bzw. –vernichtende Weisungen, die zur Insolvenz der beherrschten Gesellschaft führen, unzulässig (Hüffer, AktG, § 308 Rn. 19).
252 Hüffer, AktG, § 291 Rn. 10 a.E.

horsam gegen die Grundsätze ordnungsgemäßer Buchführung verstoßen oder rechtswidrige Weisungen des herrschenden Unternehmens befolgen (§§ 93, 116, 310 AktG). Zudem ist ein Jahresabschluss, in dem das Ergebnis der abhängigen Gesellschaft überbewertet wird, um zugunsten des herrschenden Unternehmens eine erhöhte Gewinnabführung oder einen verminderten Verlustausgleich zu erzielen, nichtig. Gewinnabführungen auf der Grundlage eines nichtigen Jahresabschlusses sind der abhängigen Gesellschaft zurückzugewähren.[253]

ee. Keine Untersagung wegen Fehlens ausreichender finanzieller Mittel für eine ordnungsgemäße Durchführung des Börsenbetriebs

Nun reicht dies alles nach Auffassung mancher nicht aus. Gewinnabführungsverträge bei Trägern mit einer Betriebsfunktion seien – so wird gesagt – im Grundsatz unzulässig, weil sie dem Träger die Möglichkeit nähmen, Rückstellungen für notwendige Investitionen zu bilden.[254] Der Muttergesellschaft stünden sämtliche finanziellen Ressourcen ihrer Tochter bis zur Grenze des Grundkapitals zur Verfügung. Durch eine Kapitalherabsetzung gemäß § 222 AktG könne sie das abhängige Unternehmen vollends finanziell austrocknen.[255] Burgard will diese Position mit einem Hinweis auf die aus Art. 39 lit. f) MiFID abgeleitete Vorschrift in § 5 Abs. 5 BörsG untermauern, die er mit Blick auf den Tatbestand in § 6 Abs. 2 S. 1 Nr. 2 BörsG als Ausprägung der Betriebspflicht des Börsenträgers begreift[256] und nach welcher der Börsenträger über ausreichende finanzielle Mittel für eine ordnungsgemäße Durchführung des Börsenbetriebs verfügen muss.[257]

Bei alledem wird übersehen, dass das Börsengesetz dem Börsenträger an keiner Stelle vorschreibt, *wie* er seine Investitionen in den Börsenbetrieb zu finanzieren hat. Der Börsenträger ist keineswegs gezwungen, Investitionen aus seinen Rücklagen zu finanzieren. Vielmehr ist es ihm selbstredend auch erlaubt, Investitionen kreditfinanziert vorzunehmen. Soweit es um die Erfüllung der öffentlichrechtlichen Betriebspflicht eines abhängigen Börsenträgers geht, kann die Kreditaufnahme nicht einmal auf der Grundlage eines Beherrschungsvertrages verboten werden. Der Vorstand eines beherrschten Börsenträgers, der für die

---

253 Zu alledem Hennrichs ZHR 174 (2010), S. 683, 694, 695, 699 f.
254 Schwark WM 2000, 2517, 2526; Bressler, Public Private Partnership im Bank- und Börsenrecht durch Beleihung mit einer Anstaltsträgerschaft, S. 129.
255 Lepczyk, Rechtliche Aspekte internationaler Börsenfusionen, S. 180; Uwe H. Schneider/Burgard WM 2000 Sonderbeilage 3 S. 24, 35.
256 Burgard, Gutachten, S. 57 ff. (= WM 2011, 2021, 2026 f.).
257 In diese Richtung auch Bressler, Public Private Partnership im Bank- und Börsenrecht durch Beleihung mit einer Anstaltsträgerschaft, S. 129.

Aufnahme von Krediten für den Träger zuständig ist, braucht auch seine Aktionäre hierfür nicht zu befragen. Sollten durch eine Kreditaufnahme beim Träger Verluste entstehen, greift die Verlustausgleichspflicht nach § 302 AktG. Sollte die Kreditwürdigkeit des Börsenträgers unter der Gewinnabführung leiden, kann er den Anspruch auf Verlustausgleich sogar als Sicherungsmittel einsetzen. Denn es ist anerkannt, dass die abhängige Gesellschaft den Anspruch auf Ausgleich des Jahresfehlbetrags – und zwar auch einen künftigen Anspruch auf Verlustausgleich – abtreten kann, wenn sie eine vollwertige Gegenleistung erhält. Dabei wird eine gleichwertige Gegenleistung angenommen, wenn der Anspruch sicherungshalber an einen Kreditgeber abgetreten wird.[258]

Der Börsenträger kann aber auch andere Finanzierungstechniken einsetzen. Beispielsweise kann der Vorstand, um die Betriebspflicht erfüllen zu können, Schuldverschreibungen ausgeben (§§ 793 ff. BGB), ohne dass eine Zustimmung der Hauptversammlung vonnöten wäre.[259] Dass dies keine bloß theoretischen Finanzierungsvarianten sind, zeigt der Umstand, dass die Deutsche Börse AG schon heute Anleihen mit einem Volumen von weit über 1 Milliarde € begeben hat und eine Kreditlinie von 600 Millionen € unterhält.[260] Ferner kommt eine harte Patronatserklärung oder eine Verlustdeckungszusage der anderen Vertragspartei in Betracht.[261] Außerdem kann der Gewinnabführungsvertrag vorsehen, dass gewisse Beträge in freie Rücklagen einzustellen sind, so dass der abzuführende Gewinn nicht der ganze Gewinn zu sein braucht.[262] Schließlich könnte etwa vereinbart werden, dass der Börsenträger nur denjenigen Gewinn abzufüh-

---

258 Koppensteiner, in: Kölner Komm. AktG, § 302 Rn. 39.
259 Hüffer, AktG, § 221 Rn. 3.
260 Deutsche Börse Geschäftsbericht 2010, S. 116, 237.
261 Vgl. Kümpel/Hammen WM 2000 Sonderbeilage 3, S. 3, 12; hiergegen Uwe H. Schneider/Burgard WM 2000 Sonderbeilage 3 S. 24, 37. Der Auffassung von Burgard, Gutachten, S. 69, die rechtsgeschäftliche Vereinbarung einer Verlustausgleichspflicht greife in unverhältnismäßiger Weise in die Rechte des herrschenden Unternehmens ein, dem hierdurch Risiken aufgebürdet würden, die es nicht vollends beherrschen könne, etwa wenn die finanzielle Schieflage des Trägers durch Umstände verursacht werde, die nicht auf der Beherrschung beruhten, ist nicht zu folgen. Denn das herrschende Unternehmen muss ohnehin infolge des Beherrschungsvertrags gemäß § 302 AktG den in der abhängigen Gesellschaft entstandenen Jahresfehlbetrag tragen und zwar gleichgültig, ob der Fehlbetrag auf dem Beherrschungsvertrag oder auf den allgemeinen Geschäftsrisiken der abhängigen Gesellschaft beruht (vgl. oben bei Fn. 247). Zur Gebräuchlichkeit von Patronatserklärungen in Konzernlagen vgl. Uwe H. Schneider ZIP 1989, 619 ff. (einschließlich einer Schilderung der unterschiedlichen Arten solcher Erklärungen in Hinsicht auf ihren Adressaten). Vgl. ferner z.B. Chr. U. Wolf ZIP 2006, 1885 ff. und neuestens BGH WM 2011, 1111 ff.
262 Altmeppen, in: MünchKomm. AktG, § 291 Rn. 147.

ren hat, den er nicht für Investitionen in den Börsenbetrieb benötigt (Teilgewinnabführungsvertrag, § 292 Abs. 1 Nr. 2 AktG).[263]

Diesem allem steht auch die Bestimmung in § 5 Abs. 5 BörsG nicht im Weg. Freilich wird der zutreffenden Ansicht, § 5 Abs. 5 BörsG werde genügt, wenn dem Börsenträger – was auch auf die Verlustausgleichspflicht,[264] auf gewisse Patronatserklärungen und anderes zutrifft – bilanzwirksame Ansprüche gegen das Mutterunternehmen zuständen,[265] entgegengehalten, es müsse der Börsenträger *selbst* – und deshalb nicht bloß indirekt über den Ausgleichsanspruch aus § 302 AktG gegen das herrschende Unternehmen – über ausreichende finanzielle Mittel zur Durchführung des Börsenbetriebs verfügen.[266] Diese Auffassung ist unzutreffend. Richtig ist demgegenüber, dass die Kapital- und Finanzstruktur des Trägers mangels näherer gesetzlicher Vorgaben primär in seiner Verantwortung und derjenigen seiner Gesellschafter liegt.[267] Die Meinung, der Börsenträger *selbst* müsse über die bezeichneten Mittel verfügen, geht offenbar auf eine Bemerkung in den Gesetzesmaterialien zu § 5 Abs. 5 BörsG zurück. Burgard zitiert nämlich im vorliegenden Zusammenhang BT-Drucks. 16/4028, S. 82, wo von den „Eigenmitteln" des Börsenträgers gesprochen wird. Diese Wendung ist zugleich irreführend wie erhellend. Irreführend ist sie, weil der Begriff der Eigenmittel im Finanzaufsichtsrecht einen spezifischen Inhalt hat,[268] der aber bei der Auslegung von § 5 Abs. 5 BörsG nicht einschlägig ist. Eigenmittel sind z.B. gemäß § 10 Abs. 2 S. 1 KWG das haftende Eigenkapital und die Drittrangmittel; haftendes Eigenkapital ist das Kernkapital – bei Aktiengesellschaften das eingezahlte Grundkapital und die Rücklagen (§ 10 Abs. 2 a S. 1 Nr. 2 KWG) – und das Ergänzungskapital, welches unter anderem aus ungebundenen Vorsorgereserven nach § 340 f HGB, Genussrechtsverbindlichkeiten und längerfristigen nachrangigen Verbindlichkeiten besteht. Ob diese Eigenmittel zusammengenommen angemessen sind, richtet sich nach den näheren Bestimmungen des KWG und nach der Solvabilitätsverordnung.

---

263 Vgl. Schwark WM 2000, 2517, 2526; Lepczyk, Rechtliche Aspekte internationaler Börsenfusionen, S. 181; Bressler, Public Private Partnership im Bank- und Börsenrecht durch Beleihung mit einer Anstaltsträgerschaft, S. 129.

264 Der Ertrag aus der Verlustübernahme nach § 302 AktG geht in die Gewinn- und Verlustrechnung ein (Hüffer, AktG, § 302 Rn. 11).

265 Bressler, Public Private Partnership im Bank- und Börsenrecht durch Beleihung mit einer Anstaltsträgerschaft, S. 130.

266 Burgard, Gutachten, S. 57 (= WM 2011, 2021, 2026).

267 Schwark/Zimmer/Beck, KMRK, § 5 BörsG Rn. 28.

268 Zur Bandbreite der Eigenkapitalbegriffe vgl. die Aufsätze von Baums, Wüstemann/Bischof, Kleindiek, B. Rudolf, F.A. Schäfer und Schüller/Mitzner in ZHR 175 (2011), Heft 2/3.

Für die Ausdeutung der Bestimmung in § 5 Abs. 5 KWG sind alle diese Festlegungen trotz des in den Gesetzesmaterialien zu dieser Vorschrift gebrauchten Bezeichnung „Eigenmittel" bedeutungslos. Dafür spricht erstens der Wortlaut der Regelung. § 5 Abs. 5 BörsG verlangt dem Börsenträger keine „angemessenen Eigenmittel" ab, sondern ausreichende „finanzielle Mittel". Dass damit etwas anderes gemeint ist, wird klar, wenn man die Grundlage von § 5 Abs. 5 BörsG in der MiFID betrachtet. § 5 Abs. 5 BörsG beruht auf der Bestimmung in Art. 39 lit. f) MiFID, die den geregelten Märkten eben auch europarechtlich „ausreichende Finanzmittel" abverlangt. Art. 39 lit. f) MiFID unterscheidet sich nun fundamental von den Anforderungen, die nach der Kapitaladäquanzrichtlinie 2006/49/EG an eine „angemessene Eigenkapitalausstattung" von Wertpapierfirmen und Kreditinstituten gestellt werden. Während die dort geregelten Eigenmittel (vgl. Art. 3 Nr. 1 lit. r) der Kapitaladäquanzrichtlinie 2006/49/EG) von Wertpapierfirmen der Absorbierung von Verlusten dienen, die nicht durch ausreichende Gewinnvolumina unterlegt sind, um die Kontinuität der Geschäftstätigkeit der Institute sowie den Anlegerschutz zu gewährleisten (Erwägungsgrund 12 der Kapitaladäquanzrichtlinie 2006/49/EG), geht es bei geregelten Märkten darum, deren „ordnungsgemäßes Funktionieren zu gewährleisten" (Art. 39 lit. f) MiFID). Mit Blick auf diese besondere Funktion von Art. 39 lit. f) MiFID, § 5 Abs. 5 BörsG unterliegen die hiernach erforderlichen „angemessenen finanziellen Mittel" nicht den Beschränkungen auf Grundkapital, Rücklagen und anderes, wie sie für die angemessenen Eigenmittel für Wertpapierfirmen vorgesehen sind. Mithin reicht beispielsweise – Gewinnabführungsvertrag hin oder her – für den Nachweis ausreichender finanzieller Mittel (§ 4 Abs. 2 S. 2 Nr. 1 BörsG) schon die Einrichtung einer Kreditlinie oder der Nachweis anderer einsetzbarer Vermögenswerte aus, soweit der Träger hieraus seine Betriebspflicht bedienen kann. Folglich konnte eine Gewinnabführung aufgrund eines Gewinnabführungsvertrags zwischen der Deutsche Börse AG und der Holding N.V. eine Untersagung nach § 6 Abs. 2 S. 1 Nr. 2 BörsG nicht rechtfertigen, soweit der Deutsche Börse AG solche anderen Finanzierungsmittel zugänglich gewesen sind.

ff. Konfliktminimierende Nebenbestimmungen

Im vorstehenden Kapitel ist erläutert worden, dass zur Sicherstellung des Vorhandenseins ausreichender finanzieller Mittel für eine ordnungsgemäße Durchführung des Börsenbetriebs die Abgabe einer Patronatserklärung oder die Einschränkung eines Gewinnabführungsvertrags (Teilgewinnabführungsvertrag) in Betracht gezogen werden kann. Solche oder andere Festlegungen können als verwaltungsvertragliche Nebenbestimmungen börsenrechtliche Verfügungen der

Börsenaufsichtsbehörde begleiten. Nebenbestimmungen der geschilderten Art werden insbesondere für die Optimierung aufsichtsrechtlicher Maßnahmen mit Bezug auf komplexe Börsenkooperationen oder -zusammenschlüsse vorgeschlagen.[269] So wurde – um nur ein Beispiel zu nennen – im Zusammenhang mit der im Jahre 2000 geplanten Fusion der Deutsche Börse AG mit der London Stock Exchange angeregt, in einem öffentlichrechtlichen Vertrag über eine seinerzeit „umzuhängende" Börsenerlaubnis zur Absicherung der Betriebspflicht des neuen Börsenträgers eine Pflicht des herrschenden Unternehmens zum Ausgleich solcher Nachteile zu verankern, deren Eintritt die Erfüllung der Betriebspflicht gefährdet.[270] Solche zusätzlichen Vereinbarungen eignen sich auch, um eine Untersagungsverfügung nach § 6 Abs. 2 BörsG abzuwenden. Freilich ist diese Feststellung nicht unumstritten. Soweit in der Vergangenheit solche Vereinbarungen oder Nebenbestimmungen vorgeschlagen worden seien,[271] führten sie – so wird gesagt – nicht weiter. Sinnvolle Auflagen seien nicht ersichtlich.[272]

Diese Auffassung ist unzutreffend, weil sie erstens gegen das Verhältnismäßigkeitsprinzip und zweitens gegen das europäische Recht verstößt. Warum sollte, so ist zu fragen, das Instrument der Untersagung – das am schärfsten in die Freiheit zu wirtschaftlicher Betätigung (Art. 2, 12 GG) und die Niederlassungsfreiheit (Art. 49 AEUV) des interessierten Erwerbers eingreifende Mittel – eingesetzt werden müssen, wenn die Erfüllung der Betriebspflicht beispielsweise durch die Festlegung einer Pflicht zum Verlustausgleich sichergestellt werden kann? Der Einwand, das deutsche Börsenrecht sehe solche gefahrabwehrenden Zusagen nicht vor, führt nicht weiter, weil das deutsche Recht der Anteilseignerkontrolle diesbezüglich durch europäisches Recht überlagert wird. Das europäische Recht der Anteilseignerkontrolle im Finanzsektor, das im Wege der Auslegungshilfe auch für die börsenrechtliche Anteilseignerkontrolle nutzbar gemacht werden kann, sieht zwar vor, dass die Aufsichtsbehörde im Kontrollverfahren keine „Vorbedingungen" stellen darf (Art. 19 der Richtlinie 2007/44/EG, § 2 c Abs. 1 b S. 3 KWG), erlaubt der Behörde aber ausdrücklich, Zusagen des interessierten Erwerbers zur Erfüllung aufsichtsrechtlicher Anforderungen zu berücksichtigen (Erwägungsgrund 3 S. 4 der Richtlinie 2007/44/EG). Solche Zusagen können in verwaltungsrechtliche Rechtsakte –

---

269 Kümpel/Hammen WM 2000 Sonderbeilage 3, S. 3, 11 ff.; vgl. ferner die Nachweise in Fn. 263.
270 Kümpel/Hammen WM 2000 Sonderbeilage 3, S. 3, 20 ff.
271 Z.B. von Kümpel/Hammen WM 2000 Sonderbeilage 3, S. 3, 11 ff.
272 Burgard, Gutachten, S. 84 f. (= WM 2011, 2021, 2034).

vorzugsweise in einen öffentlichrechtlichen Vertrag[273] –, mit denen börsenrechtliche Aspekte einer Börsenfusion reguliert werden können, eingebaut werden, um sie öffentlichrechtlich verbindlich werden zu lassen.

gg. *Anteilseignerkontrollrechtliche Unerheblichkeit eines Wechsels des Handelssystems*

Vereinzelt ist die Auffassung vertreten worden, die in der Angebotsunterlage angedeutete Zusammenführung der Handelsplattformen der Deutsche Börse AG und NYSE Euronext hätte, insbesondere wenn es bei dieser Zusammenführung zu einer Aufgabe des Handelssystems Xetra der Deutsche Börse AG gekommen wäre, gegen die Betriebspflicht aus § 5 Abs. 1 S. 2 BörsG und gegen die Interessenkonfliktsverhinderungspflicht aus § 5 Abs. 4 Nr. 1 BörsG verstoßen, weshalb schon zum damaligen Zeitpunkt eine Untersagungsverfügung nach § 6 Abs. 2 S. 1 Nr. 1 BörsG wegen Unzuverlässigkeit der Holding N.V. gerechtfertigt gewesen sei. Zur Begründung wurde angeführt, der Einfluss der FWB auf die Fortentwicklung einer solchen Universal-Handelsplattform sei geringer, als es ihr Einfluss auf Xetra sei. Bedenklich sei es zudem, dass sich die Deutsche Börse AG dann ohne Not in die technologische Abhängigkeit von einem im Konzerninteresse betriebenen fremden Handelssystem begeben hätte.[274] Außerdem hätte die Deutsche Börse AG, die im Kern ein IT-Unternehmen sei, die technische Fähigkeit zur Entwicklung und zum Betrieb eines eigenen Handelssystems verloren. Schließlich wurde befürchtet, bei einer Umstellung des Börsenhandels der FWB von dem Handelssystem Xetra auf das amerikanische System UTP hätten Handelsteilnehmer an andere Handelsplätze abwandern können, weil sie die Umstellungskosten scheuten.[275]

Diese Befürchtungen gehen an der Börsenwirklichkeit vorbei. Die Börsen stehen in einem harten Wettbewerb mit multilateralen Handelssystemen wie BATS und Chi X.[276] Dieser Wettbewerb wird vornehmlich über die Handelsentgelte ausgetragen. Deshalb wäre es völlig unsinnig, wenn eine fusionierte Börse es unternehmen wollte, den Handelsteilnehmern höhere zusätzliche Kosten zuzumuten. Vielmehr liegen die Dinge genau umgekehrt. Ein wesentliches Ziel der

---

273 Kümpel/Hammen WM 2000 Sonderbeilage 3, S. 3, 20 ff.; auf die Vorzüge eines öffentlichen Vertrags im vorliegenden Zusammenhang weist auch Burgard, Gutachten, S. 83, 85 hin.
274 Burgard, Gutachten, S. 78 f. (= WM 2011, 2021, 2033).
275 Burgard, Zehn Irrtümer über den Zusammenschluss der Deutsche Börse AG mit NYSE Euronext (Nr. 5, 8), Pressekonferenz zum Fusionsvorhaben Deutsche Börse/NYSE Euronext am 6.9.2011.
276 Hammen, Börsen und multilaterale Handelssysteme im Wettbewerb, S. 19 ff.

Fusion war es, insbesondere im IT-Bereich Synergiepotentiale zu heben. Zu erwarten war, dass Kosteneinsparungen mindestens teilweise an die Handelsteilnehmer weitergegeben worden wären, um die Stellung der Börse im Wettbewerb der Handelsplätze zu festigen (Win-win-Situation).[277]

Zudem muss gewichtet werden, dass die Entscheidung über die Einführung neuer Handelssysteme an der FWB der Zustimmung des Börsenrats bedarf (§ 12 Abs. 2 S. 2 BörsG) – also der Vertretung der Handelsteilnehmer, der Emittenten und der Anleger –, dem der Börsenträger nicht einmal angehört. Die Vertreter der genannten Gruppen im Börsenrat, die ihr Amt nicht nur im Interesse der Börse ausüben, sondern zugleich auch Interessenvertreter ihrer jeweiligen Gruppierung sind,[278] werden diese Zustimmung selbstredend nur erteilen, wenn sie den Wechsel des Handelssystems als gewinnbringend und zukunftsträchtig erachten. Die Einführung eines neuen Handelssystems, die nach § 5 Abs. 1 S. 2 BörsG „auf Anforderung der Geschäftsleitung der Börse" geschieht, unterfällt im Rahmen der an den Börsenträger gerichteten Vorschrift in § 5 Abs. 4 Nr. 3 BörsG dem Selbstverwaltungsrecht der Börse, in dessen Ausübung die Börsenaufsichtsbehörde, die nach herrschender Ansicht keine Fach-, sondern lediglich eine Rechtsaufsicht ausübt,[279] auch nicht auf dem Umweg über eine Untersagung nach § 6 Abs. 2 BörsG hineinregieren darf. Vielmehr setzt die Zuständigkeit der Börsenaufsichtsbehörde erst dann ein, wenn durch die Nutzung eines Handelssystems Missstände auftreten, die die Durchführung des Handels an der Börse beeinträchtigen (§ 3 Abs. 5 BörsG).

Zu behaupten, von der Eigenständigkeit der FWB bleibe ohne ein eigenständiges Handelssystem nicht viel übrig, ist juristisch abwegig. Es gehört nicht zur Betriebspflicht eines Börsenträgers, eine eigene IT-Abteilung bzw. ein von einer solchen Abteilung entwickeltes Handelssystem zu unterhalten. Vielmehr kann der Träger auch ein von einer anderen Börse oder einem IT-Dienstleister entwickeltes Handelssystem einsetzen, wenn dies tunlich erscheint. Der Einsatz von anderer Seite entwickelter Handelssysteme ist im Börsenwesen absolut üblich. So wird z.B. das Handelssystem Xetra der Deutsche Börse AG unter anderem an den Börsen in Wien und Dublin eingesetzt, ohne dass bekannt geworden wäre, dass die dortigen Aufsichtsbehörden Einwände nach Maßgabe von Art. 39

---

277 Toller, Wirtschaftswoche v. 18.2.2011, http://www.wiwo.de/finanzen/xetra-oder-nyse-ein-handelssystem-fuer-alle-457826/ (8.5.2013).
278 Roger Müller, Der Konzern 2008, 263, 264.
279 Burgard, Gutachten, S. 30; Schwark/Zimmer/Beck, KMRK, § 3 BörsG Rn. 19; Roger Müller, Der Konzern, 263, 264; vgl. auch Schwark WM 2000, 2517, 2521.

MiFID bzw. des jeweiligen umgesetzten Rechts für regulated markets erhoben hätten.[280]

hh. „*Tatsachen"basierte Entscheidung der Börsenaufsichtsbehörde*

In den vorstehenden Kapiteln sind börsengesetzliche Sachgründe für eine Untersagung des Erwerbs einer bedeutenden Beteiligung abgehandelt worden. Nun reicht es aber im Anteilseignerkontrollverfahren nach § 6 BörsG nicht hin, diese Sachgründe abstrakt zu betrachten. Vielmehr müssen „Tatsachen" vorliegen, die „die Annahme rechtfertigen", dass einer der Untersagungsgründe gemäß § 6 Abs. 2 BörsG gegenwärtig (Nr. 1: nicht zuverlässig „ist"; Nr. 2: beeinträchtigt „wird") vorliegt. Unerheblich ist hiernach eine abstrakte Gefahr, die sich erst in der Zukunft realisieren könnte. Diesbezüglich darf die Aufsichtsbehörde – und zwar nicht in einem Verfahren nach § 6 Abs. 2 BörsG, sondern in dem Verfahren gemäß § 6 Abs. 4 BörsG – erst dann tätig werden, wenn beispielsweise die Durchführung des Börsenbetriebs wirklich beeinträchtigt wird. In jedem Fall unzulässig ist ferner eine Untersagung ausschließlich auf Grund einer reinen Vermutung oder Verdächtigung, dass ein Untersagungsgrund gegeben sein könnte.[281] Zwar wird dabei nicht Gewissheit erfordert („die Annahme rechtfertigen"). Art. 38 Abs. 3 MiFID verlangt indes „objektive und nachweisbare Gründe" für die vorbezeichnete Annahme. Erforderlich sind also konkrete Anhaltspunkte für das Vorliegen eines Untersagungsgrunds.[282] Der Nachweis solcher „Tatsachen" obliegt der Aufsichtsbehörde.[283] § 6 Abs. 2 BörsG enthält eine Beweiserleichterung lediglich insoweit, als die Aufsichtsbehörde nicht beweisen muss (§ 6 Abs. 2 S. 1 BörsG: „Annahme"), dass der betreffende Untersagungsgrund selbst vorliegt.[284]

---

280 Zu den Erlösen aus diesen Kooperationen vgl. Deutsche Börse Group, Geschäftsbericht 2010, S. 101 f.
281 Schäfer/Hamann/Ledermann, KMG, § 3 BörsG Rn. 6; Groß, Kapitalmarktrecht, § 6 BörsG Rn. 12.
282 Schwark/Zimmer/Beck, KMRK, § 6 BörsG Rn. 12.
283 So Lepczyk, Rechtliche Aspekte internationaler Börsenfusionen, S. 190; Boos/Fischer/Schulte-Mattler/Schäfer, KWG, § 2 c Rn. 9; Schwennicke/Auerbach/Süßmann, KWG, § 2 Rn. 11. Anders (vgl. §§ 2 c Abs. 1 a S. 1 Nr. 1 letzter Hs. KWG; § 6 Abs. 2 S. 1 Nr. 1 BörsG: "im Zweifel"), wenn der Erwerb der Beteiligung aus Mitteln finanziert wird, die aus einer rechtswidrigen Tat herrühren (Luz/Neus/Scharpf/Schneider/Weber (Hrsg.)/Kobabe, KWG, § 2 c Rn. 30; Schwark/Zimmer/Beck, KMRK, § 6 BörsG Rn. 12).
284 BT-Drucks. 13/9874, S. 139; Schwennicke/Auerbach/Süßmann, KWG, § 2 c Rn. 17.

Mangels konkreter Anhaltspunkte für das Vorliegen eines Untersagungsgrunds hat die Börsenaufsichtsbehörde von börsenrechtmäßigem Verhalten des interessierten Erwerbers auszugehen.[285] Solche objektiven, konkreten und beweisbaren Anhaltspunkte, etwa dafür, dass die Deutsche Börse AG nach ihrer Übernahme durch die Holding N.V. ihrer Betriebspflicht nicht mehr hätte genügen können oder sogar der Bestand der Frankfurter Wertpapierbörse in Frage gestellt worden wäre, finden sich weder in dem Business Combination Agreement noch in den öffentlichen Äußerungen der an der Fusion beteiligten Unternehmen. Vielmehr ist es umgekehrt so, dass die an der Fusion beteiligten Börsen durch die Hebung von Synergieeffekten ihre Position im Wettbewerb mit den multilateralen Handelssystemen in Europa und den USA verbessern wollten.

Etwas anderes ergibt sich auch nicht aus dem Umstand, dass die Beteiligten einen Beherrschungs- und Gewinnabführungsvertrag abschließen wollten. Denn dieser Vertrag sollte keineswegs den Beteiligten das Recht einräumen, den Börsenbetrieb der FWB zu beeinträchtigen. Da die Holding N.V. erklärt hatte, die Deutsche Börse AG nur "innerhalb der rechtlich vorgegebenen Grenzen" beherrschen zu wollen, war bis zum Beweis des Gegenteils davon auszugehen, dass sie keine Weisungen erteilt hätte, die der öffentlichrechtlichen Betriebspflicht der Deutsche Börse AG zuwidergelaufen wären, und dass sie der Deutsche Börse AG den Raum gelassen hätte, die Durchführung und angemessene Fortentwicklung des Börsenbetriebs der FWB zu finanzieren.

Gegen die vorstehend vorgenommenen Ableitungen wird freilich vorgebracht, bei der Anteilseignerkontrolle komme es nicht nur auf die (Konzern-) Rechtslage an, „sondern vor allem auch auf die Konzernwirklichkeit",[286] weil die Konzernrechtslage vielfach von der Konzernwirklichkeit überholt werde und das Konzernrecht vielfältige Probleme der Konzernwirklichkeit gar nicht erfasse.[287] Wesentliche Bestimmungen des Konzernrechts (§§ 317, 318 AktG) werden dabei zu totem Recht erklärt.[288] Zur normativen Maßgeblichkeit dieser rechtstatsächlichen Beobachtungen wird auf die Gesetzesbegründung zu der Beteiligungskontrollregelung in § 104 VAG verwiesen.[289] Dort heißt es, für das Erfordernis einer soliden und umsichtigen Führung des Versicherungsunternehmens sei nicht allein die Rechtslage ausschlaggebend; vielmehr müssten „auch die tatsächlichen Verhältnisse, insbesondere bei Versicherungskonzernen und -

---

285 Vgl. Schwark WM 2000, 2517, 2524.
286 Burgard, Gutachten, S. 23.
287 Burgard, Gutachten, S. 64 (= WM 2011, 2021, 2028); Uwe H. Schneider/Burgard WM 2000 Sonderbeilage 3, S. 24, 31, 35.
288 Burgard, Gutachten, S. 67 (= WM 2011, 2021, 2029).
289 Burgard, Gutachten, S. 22.

gruppen berücksichtigt werden".[290] Nun konnte man ja über die Konzernrechtswirklichkeit einer fusionierten Gruppe Deutsche Börse AG – NYSE Euronext seinerzeit noch keine Aussagen machen, weil der Fusionsvertrag noch nicht in Vollzug gesetzt worden war. Das war für die Gegner dieses Zusammenschlusses misslich, weil § 6 Abs. 2 BörsG wie gesagt das Vorliegen von *Tatsachen* verlangt, die die Annahme rechtfertigen, es werde der Börsenbetrieb beeinträchtigt.

Hier bediente sich nun Burgard eines Kunstgriffs. Dabei betrachtete er in einem ersten Schritt als eine solche Tatsache die seitens der Holding N.V. erklärte Absicht, mit der Deutsche Börse AG einen Beherrschungsvertrag abschließen zu wollen, und zwar ungeachtet der Frage, ob diese Absicht verwirklicht werde, und des Umstands, dass eine Beeinträchtigung des Börsenbetriebs gegenwärtig gar nicht absehbar sei.[291] Bereits diese Sichtweise ist verfehlt, weil nicht alle zukunftsbezogenen Absichten eines interessierten Erwerbers über einen Kamm geschoren werden dürfen. Manche Absichten unterfallen nämlich, und zwar erst dann, wenn sie konkret werden, einem besonders einzuleitenden und dann selbstständig durchzuführenden Kontrollverfahren nach § 6 BörsG. Hierzu zählt es etwa, wenn ein Anteilsinhaber eine bereits bestehende bedeutende Beteiligung über bestimmte Schwellenwerte hinaus aufstocken will (§ 6 Abs. 1 S. 6 BörsG). Und hierzu zählt dann eben auch ein erst für die Zukunft ins Auge gefasster Abschluss eines Beherrschungsvertrags (vgl. § 6 Abs. 1 S. 6 BörsG a.E.). Hätten die Deutsche Börse AG und die Holding N.V. ihre bis dahin lediglich geäußerte diesbezügliche Absichtsbekundung später in die Tat umgesetzt, wären sie – aber erst dann – verpflichtet gewesen, diese konkrete Absicht der Börsenaufsichtsbehörde anzuzeigen. Und erst dann hätte es der Aufsichtsbehörde zugestanden, die Börsenrechtsgemäßheit dieser Maßnahme einer Prüfung nach § 6 Abs. 2 BörsG zu unterziehen. Dieses Verfahren ist auch sinnvoll. Mit gutem Grund verlangt § 6 Abs. 1 S. 2 BörsG dem interessierten Erwerber ab, der Aufsichtsbehörde, wenn ein kontrollbedürftiger Vorgang ansteht, alle für die Prüfung bedeutsamen Tatsachen anzugeben. Soweit ein solcher Vorgang lediglich in eine Vorausplanung genommen wird, ist eine Mitteilung solcher Angaben sinnentleert. Deshalb durfte der Abschluss des in dem Business Combination Agreement in Aussicht genommenen Beherrschungsvertrags, für den ein besonderes kontrollrechtliches Verfahren bereitsteht, wenn der Abschluss ansteht, nicht mit der seinerzeit durchzuführenden Kontrolle der Übernahme der Deutsche Börse AG durch die Holding N.V. vermischt werden.

---

290 BT-Drucks. 15/2418, S. 21.
291 Burgard, Gutachten, S. 4 f., 70, 71 (= WM 2011, 1973, 1974, WM 2011, 2021, 2029 f.).

Nun sieht aber auch Burgard, dass die erklärte Absicht, einen Beherrschungsvertrag abschließen zu wollen, keineswegs ohne weiteres die Annahme rechtfertigt, hierdurch werde der Betrieb der betreffenden Börse auch wirklich beeinträchtigt. Deshalb wartet er in einem zweiten Schritt mit einer weiteren Tatsache auf. Er behauptet nämlich, zu den Tatsachen, die die Aufsichtsbehörde ihrer Entscheidung zugrunde zu legen habe, gehörten auch allgemeine Erfahrungstatsachen wie z.B. über den Interessengegensatz miteinander konkurrierender Unternehmen.[292] Damit spielt er auf die Zuteilung von Wettbewerbschancen an miteinander konkurrierende Konzernunternehmen durch die Konzernspitze an, die er als ein Beispiel für die Bedrohung der Betriebspflicht durch die Konzernrechtswirklichkeit begreift.[293]

Die von Burgard skizzierte Konzernwirklichkeit ist allerdings aus zwei Gründen ungeeignet, eine Untersagung nach § 6 Abs. 2 BörsG zu rechtfertigen. Erstens ist darauf hinzuweisen, dass sich die Konzernwirklichkeit, wie sie Burgard sehen möchte, bei Börsen und ihren Trägern ganz anders darstellt. Zu gewichten ist hier nämlich, dass im Unterschied zu vielen anderen Konzernkonstellationen eine Aufsichtsbehörde über das Geschäftsgebaren des Börsenträgers und der mit ihm verbundenen Unternehmen wacht, soweit es um die Sicherstellung einer ordnungsgemäßen Durchführung und angemessenen Fortentwicklung des Börsenbetriebs geht (§ 6 Abs. 4 BörsG). Die Befugnisse der Börsenaufsichtsbehörde reichen so weit, dass sie als ultima ratio die Veräußerung der Beteiligung eines unzuverlässigen Anteilsinhabers anordnen kann (§ 6 Abs. 4 S. 3 BörsG). Hiergegen ist eingewandt worden, § 6 Abs. 4 BörsG sei totes Recht, weil in einem solchen Fall die Börse marginalisiert zurückbleibe.[294] Mit Blick auf eine Bemerkung in den Gesetzesmaterialien zu § 2 c KWG, selbst eine Stimmrechtsuntersagung habe sich in der Rechtspraxis als nicht ausreichend erwiesen,[295] wird gefragt, welche anderen Vorkehrungen dann wohl noch getroffen werden könnten, um die Durchsetzung des Konzerninteresses zu verhindern.[296]

---

292 Burgard, Gutachten, S. 5.
293 Burgard, Gutachten, S. 71 (= WM 2011, 2021, 2030); ders., Zehn Irrtümer über den Zusammenschluss der Deutsche Börse AG mit NYSE Euronext (Nr. 8), Pressekonferenz zum Fusionsvorhaben Deutsche Börse/NYSE Euronext am 6.9.2011.
294 Burgard, Zehn Irrtümer über den Zusammenschluss der Deutsche Börse AG mit NYSE Euronext (Nr. 6), Pressekonferenz zum Fusionsvorhaben Deutsche Börse/NYSE Euronext am 6.9.2011.
295 BT-Drucks. 13/9874, S. 139.
296 Burgard, Gutachten, S. 55 (= WM 2011, 2021, 2026).

Mit diesen Einwänden wird durchaus ein falsches Bild von der Überwachungstätigkeit der Börsenaufsichtsbehörde vermittelt. Stets hat sich die Behörde als ein aufmerksamer Aufseher erwiesen, der jede Entwicklung bei der Börse und ihrem Träger von Beginn an mit Sachkunde und Durchsetzungsvermögen begleitet hat. Deshalb wird die Aufsichtsbehörde, wenn eine Beeinträchtigung der Durchführung oder Fortentwicklung des Börsenbetriebs durch einen Anteilseigner des Trägers droht, nicht abwarten, bis eine Veräußerungsverfügung nach § 6 Abs. 4 S. 3 BörsG unumgänglich wird. Vielmehr reicht es aus, wenn sie in analoger Anwendung von § 6 Abs. 4 S. 2 oder S. 3 BörsG das Weisungsrecht dieses Anteilsinhabers aus dem Beherrschungsvertrag suspendiert und dann dessen Stimmrechte auf einen Treuhänder überträgt, der bei deren Ausübung den Interessen einer soliden und umsichtigen Führung des Börsenträgers Rechnung tragen (§ 6 Abs. 4 S. 2 BörsG), also auf die Erfüllung der Betriebspflicht durch den Träger bedacht sein muss. Diese Rechtslage erlaubt es dem Treuhänder, mittels des auf ihn übertragenen Stimmrechts auf alle Geschehnisse in der Börsenträgergesellschaft Einfluss zu nehmen, soweit das Stimmrecht reicht (vgl. z.B. §§ 122, 103 Abs. 1 AktG[297]) und soweit nicht das europäische Recht gewisse Entscheidungen den Aktionären selbst in der Hauptversammlung vorbehalten haben sollte (z.B. Art. 25 der Kapitalrichtlinie 77/91/EWG).[298] Ein Beherrschungsvertrag steht einer Ausübung des Stimmrechts durch den Treuhänder im Interesse einer umsichtigen Führung des Börsenträgers nicht entgegen, weil die Kompetenzen der Hauptversammlung der beherrschten Gesellschaft durch den Beherrschungsvertrag nicht betroffen sind.[299]

Zweitens ist die von Burgard skizzierte Konzernwirklichkeit für eine Anteilseignerkontrolle nach § 6 Abs. 2 BörsG aus rechtsstaatlichen Gründen bedeutungslos, weil sich die Deutsche Börse AG und die Holding N.V. keineswegs fraudulös, sondern gesellschaftsrechtlich und börsenrechtlich vollständig rechtmäßig verhalten hätten, wenn sie die vom Gesetzgeber dem Rechtsverkehr in §§ 291 ff. AktG zur Verfügung gestellten Konzernleitungsinstrumente in einer Art und Weise genutzt hätten, die die Durchführung und Fortentwicklung des Börsenbetriebs der FWB nicht beeinträchtigt hätte. Nun mag es zwar vorkommen, dass Konzernleitungen in irgendwelchen anderen Unternehmensgruppen gelegentlich abhängige Gesellschaften veranlassen, ihre öffentlichrechtlichen Pflichten zu vernachlässigen. Keinesfalls wäre es indes angegangen, solches Fehlverhalten in Unternehmensgruppen, die mit der Deutsche Börse AG und der Holding N.V. nicht das Geringste zu schaffen haben, diesen beiden Unterneh-

---

297 Zu den denkbaren Folgen vgl. § 84 Abs. 3 AktG.
298 EuGH WM 1996, 1530.
299 Hüffer, AktG, § 291 Rn. 10.

men bei der Nutzung legaler Instrumente zum Nachteil gereichen zu lassen. Vielmehr wäre es rechtsstaatlich unhaltbar gewesen, diese Unternehmen im Wege eines Generalverdachts bei der Ausübung ihres Niederlassungsrechts (Art. 49 AEUV) zu behindern, obgleich sie erklärt hatten, das Beherrschungsverhältnis nur „innerhalb der rechtlich vorgegebenen Grenzen" praktizieren zu wollen.[300]

IV. Beherrschung, Demokratieprinzip und europarechtliche Niederlassungsfreiheit

1. Problemstellung

In Kapitel III.4.b. ist gezeigt worden, dass ein Beherrschungsvertrag mit einem Börsenträger, der den Träger zur beherrschten Gesellschaft werden lässt, nach dem Börsengesetz grundsätzlich zulässig ist. Erkenntnisse aus Rechtsstreiten um öffentlichrechtliche Einrichtungen, die unter der Kontrolle nichtkonzessionierter privatrechtlicher Rechtssubjekte standen,[301] nötigen indes dazu, jenes Ergebnis noch einmal in Frage zu stellen. Denn die obergerichtliche Rechtsprechung hat schon mehrfach Gesetze verfassungsrechtlich in Zweifel gezogen, die es erlaubten, eine öffentlichrechtliche Einrichtung unter die Leitung eines Rechtssubjekts zu stellen, das als solches keine öffentlichrechtliche Legitimation besaß. Müsste diese Rechtsprechung, wie es vereinzelt im börsenrechtlichen Schrifttum verlangt wird,[302] auf die Regelung in § 6 Abs. 1 S. 6 letzter Hs. BörsG, die inzident unter der Kontrolle Dritter stehende Börsenträger erlaubt, übertragen werden, wäre auch diese Regelung als verfassungsrechtlich bedenklich einzustufen. Auf die sich hieran anschließenden Fragen,

– ob die Börsenaufsichtsbehörde trotz einer Verfassungswidrigkeit jener Vorschrift gehalten wäre, von einer Untersagung des Beteiligungserwerbs abzusehen,[303] oder ob es ihr erlaubt wäre, im Wege einer verfassungskonformen

---

300 Angebotsunterlage S. 52.
301 Ein Überblick bei D. Schuster, in: Festschrift für W. Müller, 2001, S. 135 ff.; ferner Wolfers/Kaufmann DVBl. 2002, 507 ff; Mayen DÖV 2001, 110 ff.
302 Burgard, Gutachten, S. 11, 64, 68, 71 (= WM 2011, 2021, 2028, 2029, 2030); Uwe H. Schneider/Burgard, WM 2000 Sonderbeilage 3, S. 24, 31.
303 Zur Geltungsprüfung durch verwaltungsinterne Normenkontrolle vgl. Wolff/Bachof/ Stober/Kluth, Verwaltungsrecht I, 12. Aufl. 2007, § 28 S. 282.

einschränkenden Auslegung von § 6 Abs. 1 S. 6 BörsG ein dann aber nicht auf § 6 Abs. 2 S. 1 BörsG stützbares Verbot auszusprechen, ferner,

- ob ein Anteilserwerb und der Beherrschungsvertrag ungeachtet einer Untersagung des Erwerbs durch die Aufsichtsbehörde als zivilrechtlich wirksam betrachtet werden müsste,[304] schließlich,

- wer berufen wäre, eine Verfassungswidrigkeit von § 6 Abs. 1 S. 6 letzter Hs. BörsG geltend zu machen, und in welchem Verfahren das zu geschehen hätte,

braucht im vorliegenden Zusammenhang nicht eingegangen zu werden, weil die aus dem Demokratieprinzip herrührenden Bedenken gegen die Beherrschung öffentlichrechtlicher Einrichtungen durch nicht demokratisch legitimierte Dritte hinter die Gewährleistung der in Art. 49 AEUV garantierten Niederlassungsfreiheit zurücktreten müssen, wenn eine EU-ausländische Gesellschaft mit einer deutschen öffentlichrechtlichen Einrichtung, z.B. mit einem Beliehenen, einen Beherrschungsvertrag schließt. Der Gedanke eines Vorrangs der europarechtlichen Niederlassungsfreiheit vor dem deutschen Organisationsrecht öffentlichrechtlicher Einrichtungen wird im Folgenden in drei Schritten entwickelt. In einem ersten Abschnitt wird vorab die öffentlichrechtliche Stellung des Börsenträgers als beliehener Anstaltsträger beschrieben (unten 2.). In einem zweiten Abschnitt geht es um die Bedeutung des Demokratieprinzips für Beherrschungsverträge mit beliehenen Anstaltsträgern (unten 3.). Schließlich wird in einem dritten Abschnitt gezeigt, dass die Niederlassungsfreiheit auch in den Bereich des öffentlichen Organisationsrechts hineinwirken kann (unten 4.)

2. Der Börsenträger als vom Bundesland beauftragter Anstaltsträger

Die Rechtsverhältnisse des Börsenträgers leiten sich von denjenigen der Börse ab. Seit dem Inkrafttreten der MiFID wird der Begriff der Börse durch denjenigen des regulated markets in Art. 4 Abs. 1 Nr. 14, 36 MiFID vorgeprägt. Zusammen mit den Multilateralen Handelssystemen (MTF) bilden die regulated markets die Gruppe der Handelsplätze, die ein multilaterales System betreiben. Eine Besonderheit der regulated markets gegenüber den MTF besteht darin, dass diese Marktplätze zwingend ein Zulassungswesen unterhalten. Nach Art. 36

---

304 Vgl. Luz/Neus/Scharpf/Schneider/Weber (Hrsg.)/Kobabe, KWG, § 2 c Rn. 37 zu § 2 c KWG.

Abs. 1 MiFID lassen die Mitgliedstaaten nur diejenigen Systeme als geregelte Märkte zu, die den in der MiFID näher definierten Anforderungen genügen. Aus der Zulassung ergeben sich einige Pflichten des Marktbetreibers, z.B. die Pflicht, Interessenkonflikte zu vermeiden, und die Pflicht, wirksame Maßnahmen zur Begrenzung von Risiken zu treffen, die aus seinem Betrieb resultieren (Art. 39 MiFID). Das Erfordernis einer Zulassung der regulated markets nach Art. 36 Abs. 1 MiFID ist in § 4 Abs. 1 BörsG umgesetzt, wonach die Errichtung einer Börse der schriftlichen Erlaubnis durch die Börsenaufsichtsbehörde bedarf. Diese Erlaubnis ist im Ausgangspunkt ein begünstigender Verwaltungsakt, weil sie den Antragsteller von dem Verbot mit alternativem Erlaubnisvorbehalt[305] befreit, ein multilaterales System zu betreiben. Freilich hat der Verwaltungsakt auch belastende Wirkungen. Mit Erteilung der Erlaubnis wird der Antragsteller nämlich als Träger der Börse zu deren Errichtung und Betrieb nicht nur berechtigt, sondern auch verpflichtet (§ 5 Abs. 1 BörsG). Das hat Auswirkungen auf die rechtliche Einordnung des Rechtsverhältnisses, das durch die Börsenerlaubnis bewirkt wird.[306] Dieser Verwaltungsakt wird weit überwiegend als Beleihung eingestuft.[307] Er lässt ein öffentlichrechtliches Auftragsverhältnis zwischen dem betreffenden Bundesland und dem Antragsteller als Beliehenem entstehen.

Mit der mit der Beleihung verbundenen Beauftragung wird dem Börsenträger die Aufgabe zugewiesen, die genehmigte Börse „als Veranstaltung"[308] künftig zu betreiben. Dies schließt die nach § 5 Abs. 1 S. 2 BörsG geschuldeten Tätigkeiten – die Zurverfügungstellung der zur Durchführung und angemessenen Fortentwicklung des Börsenbetriebs erforderlichen finanziellen, personellen und sachlichen Mittel (Betriebspflicht) – ein, geht darüber aber noch ein Stück weit hinaus. Denn der Auftrag umfasst es auch, regelmäßige Veranstaltungen für einen Börsenhandel durchzuführen[309]. Diese Erkenntnis kann auf die Bestimmungen in § 4 Abs. 4 und Abs. 5 S. 1 Nr. 1 BörsG gestützt werden, wonach die Erlaubnis erlischt, wenn von ihr nicht innerhalb eines Jahres seit ihrer Erteilung Gebrauch gemacht wird, bzw. wonach die dem Börsenträger erteilte Erlaubnis aufgehoben werden kann, wenn der Börsenbetrieb, auf den sich die Erlaubnis bezieht, seit mehr als sechs Monaten nicht mehr ausgeübt worden ist. In diesen Fällen hat der Börsenträger – nicht bloß die Börse! – seine Pflicht, einen Bör-

---

305 Hammen, Börsen und multilaterale Handelssysteme im Wettbewerb, S. 46 Fn. 133; ähnlich Groß, Kapitalmarktrecht, § 4 BörsG Rn. 3; anders Schönemann, Die Organisationsstruktur der Börse, S. 55: Ausnahmebewilligung.
306 Hierzu und zum Folgenden Hammen, in: Festschrift für E. Schwark, 2009, S. 389, 394.
307 BT-Drucks. 14/8017, S. 72.
308 BT-Drucks. 14/8017, S. 72.
309 Kümpel BKR 2003, 3, 7.

senbetrieb zu unterhalten, verletzt, was es rechtfertigt, ihm – und nicht der Börse! – die Börsenerlaubnis wieder zu entziehen, obgleich der Widerruf eines rechtmäßigen begünstigenden Verwaltungsakts grundsätzlich nur nach Maßgabe der besonderen Voraussetzungen in § 49 Abs. 2 VwVfG möglich ist.

Was die Durchführung des mit der Börsenerlaubnis erteilten Auftrags anlangt, besteht nun eine Besonderheit. Das Börsengesetz hat mit der Veranstaltung des Börsenhandels nicht nur ein, sondern zwei Rechtssubjekte betraut. Neben den Börsenträger, der die Genehmigung zur Errichtung einer Börse erhält, tritt die Börse, die durch diese Genehmigung als teilrechtsfähige[310] Anstalt des öffentlichen Rechts (§ 2 Abs. 1 S. 1 BörsG) und damit als eigenständiges Rechtssubjekt errichtet wird. Obgleich nun dem Börsenträger mit der Genehmigung die Aufgabe zugewiesen wird, „die genehmigte Börse als Veranstaltung künftig zu betreiben und zu erhalten"[311], hat er mit der Ausgestaltung und der Veranstaltung des Börsenhandels nichts zu tun. Hiermit ist vielmehr kraft Gesetzes ausschließlich die Börse als eigenständige Anstalt des öffentlichen Rechts befasst. Ihr bzw. ihren Organen obliegen nämlich beispielsweise die Aufstellung von Regelungen über ihre Organisation, über ihre Geschäftszweige und die Handelsarten in der Börsenordnung (§ 16 Abs. 1 BörsG), ferner der Erlass der Bedingungen für die Geschäfte an der Börse (§ 12 Abs. 2 Nr. 1 BörsG), zudem die Zulassung der Handelsteilnehmer (§ 19 BörsG) und der Skontroführer im Präsenzhandel (§ 27 BörsG) sowie die Zulassung der Wertpapiere zum Börsenhandel (§ 32 BörsG), schließlich die Aufsicht über den Börsenhandel (§ 25 BörsG). Aus diesem gesetzlichen Befund wird zweierlei deutlich. Es ist erstens die Pflicht des Börsenträgers, die Börse als Veranstaltung zu betreiben, keine höchstpersönliche Pflicht im Sinne von § 613 S. 1 BGB.[312] Und es muss zweitens zwischen dem Börsenträger und der Börse ein öffentlichrechtliches Rechtsverhältnis bestehen, kraft dessen die Börse anstelle des Börsenträgers, den doch die Pflicht trifft, die Börse als Veranstaltung zu betreiben, den Börsenhandel durchführt.

Betrachtet man besagtes Rechtsverhältnis genauer, kann zunächst festgestellt werden, dass es ein durch die Börsengenehmigung veranlasstes, aber *gesetzlich* begründetes Rechtsverhältnis ist. Eine wie auch immer geartete Vereinbarung zwischen dem Börsenträger und der Börse oder ein einseitiger Akt des Trägers scheiden als Entstehungsgrund aus, weil die Börse mitsamt ihrem öffentlichen Auftrag – wie noch zu zeigen sein wird – bereits infolge der Börsen-

---

310 Zu dieser Teilrechtsfähigkeit vgl. Hammen, in: Festschrift für Uwe H. Schneider, 2011, S. 455 ff.; Faßbender/Reichegger WM 2009, 732, 734 f.
311 BT-Drucks. 14/8017, S. 72.
312 Kümpel BKR 2003, 3, 4.

genehmigung besteht. Auf diese Genehmigung kann das Verhältnis allenfalls mittelbar zurückgeführt werden, weil seine Begründung der Verfügungsgewalt der Börsenaufsichtsbehörde entzogen ist. Unterfiele es dieser Gewalt, hätte es die Aufsichtsbehörde in der Hand, von der Begründung dieses Rechtsverhältnisses abzusehen. Das kommt indes nicht in Betracht, weil es gesetzlich zwingend stets entsteht, wenn eine Börsengenehmigung erteilt wird. Kann es deshalb weder auf einen Willensakt des Börsenträgers noch auf einen solchen der Börsenaufsichtsbehörde zurückgeführt werden, so kann die Börsengenehmigung lediglich der Auslöser für seine Entstehung kraft Gesetzes sein. Diese rechtliche Einordnung passt mit dem Börsengesetz gut zusammen, das in § 16 Abs. 3 S. 2 BörsG von den der Börse obliegenden „gesetzlichen" Aufgaben und nicht von den ihr von wem und in welcher anderen Form auch immer übertragenden Aufgaben spricht.

Fragt man, welcher Art der Rechtsverhältnisse das gesetzliche Rechtsverhältnis zwischen Börsenträger und Börse zuzuordnen ist, muss erneut in den Blick genommen werden, dass der Börsenträger zwar mit dem Betreiben der Börse als Veranstaltung beliehen wird, dass es aber die Börse ist, die kraft Gesetzes den Börsenhandel veranstaltet. Es findet sich hier also die Erscheinung, dass zwar ein Rechtssubjekt mit der Besorgung eines Geschäfts beauftragt wird, aber intendiert ist, dass die Erledigung des Geschäfts durch ein anderes Rechtssubjekt erfolgt. Für die juristische Erklärung einer solchen Erscheinung gibt es zwei Modelle. Es kann erstens eine Substitution erfolgen. Und es kann zweitens ein weitergeleiteter Auftrag vorliegen. Ausgangspunkt der weiteren Untersuchung muss dabei die Feststellung sein, dass den Börsenträger aufgrund der Börsengenehmigung zwar die allgemeine Pflicht trifft, die Börse als Veranstaltung zu betreiben, dass ihm aber zugleich alles, was die Erfüllung der Betriebspflicht übersteigt, insbesondere die Veranstaltung des Börsenhandels von vorneherein rechtlich unmöglich ist (vgl. § 311 a Abs. 1 BGB). Diese Veranstaltung ist nämlich gesetzlich zwingend der Börse als einem eigenständigen Rechtssubjekt zugewiesen. Nun darf nicht davon ausgegangen werden, der Gesetzgeber, der ja doch das duale System des deutschen Börsenrechts eingerichtet hat, habe hiermit eine rechtliche Konstruktion schaffen wollen, die den Börsenträger automatisch mit haftungsrechtlichen Folgen anfänglicher subjektiver Leistungsunmöglichkeit oder ähnlichem in Verbindung bringt. Selbstverständlich intendieren dies auch der Börsenträger und die Börsenaufsichtsbehörde nicht, wenn sie das Genehmigungsverfahren betreiben. Deshalb umfasst die den Börsenträger treffende Pflicht, den Börsenhandel als Veranstaltung zu betreiben, nicht die für die Durchführung des Börsenhandels erforderlichen Maßnahmen (Bestimmung des Geschäftszweigs der Börse und der Handelsarten, Organisation der

Börse, Schaffung der Regelwerke, Zulassung, Durchführung des Börsenhandels usw.).

Mithin ist nunmehr zu fragen, ob im Verhältnis von Börsenträger und Börse von einer Substitution oder von einem weitergeleiteten Auftrag ausgegangen werden muss. Hierbei ist zunächst zu betonen, dass die bei der Abgrenzung von Substitution und weitergeleitetem Auftrag gewöhnlich aufgeworfene Frage nach der Reichweite der Haftung des Erstbeauftragten (grundsätzliche Haftung für die Durchführung des übernommenen Geschäfts bei der Substitution oder lediglich Haftung bei der Übertragung des Auftrags auf den Dritten beim weitergeleiteten Auftrag[313]) im Rahmen der vorliegenden Untersuchung keine Rolle spielen soll. Es geht vielmehr lediglich darum, eine rechtskonstruktiv angemessene Einordnung des zwischen dem Börsenträger und der Börse bestehenden Rechtsverhältnisses zu finden, die eine Antwort auf die Frage erlaubt, welche Aufgaben der Börsenträger ganz konkret zu erfüllen hat. Nach dem gesetzlichen Tatbestand der die Substitution regelnden Vorschrift in § 664 Abs. 1 S. 1 u. S. 2 BGB trifft den Beauftragten eine eigene Verpflichtung zur Besorgung des ihm übertragenen Geschäfts, von der sich der Beauftragte indes durch die gestattete Übertragung des Auftrags an einen Dritten befreien kann. Demgegenüber fehlt es beim weitergeleiteten Auftrag an der Übernahme einer solchen Pflicht; vielmehr schuldet der Erstbeauftragte lediglich die Veranlassung der vom Auftraggeber gewünschten Geschäftsbesorgung durch Beauftragung eines Dritten.[314] Ein weitergeleiteter Auftrag ist typischerweise anzunehmen, wenn dem Erstbeauftragten aufgrund der tatsächlichen Gegebenheiten eine eigene Erledigung der vom Auftraggeber gewünschten Geschäftsbesorgung unmöglich ist. Ein Fall dieser Art liegt beispielsweise vor, wenn eine Bank eine für eine bestimmte Börse erteilte Wertpapierorder nicht selbst ausführen kann, weil sie dort nicht zum Börsenhandel zugelassen ist.[315] Ähnlich liegen die Dinge auch bei der Beleihung eines Börsenträgers. Da die gesamte Organisation des Börsenhandels kraft Gesetzes in den Händen der Börse liegt, darf nicht davon ausgegangen werden, der Börsenträger habe sich bei der Stellung des Antrags auf Erteilung einer Börsengenehmigung selbst zur Leistung dieser Organisation verpflichten wollen. Inhalt der ihn treffenden Pflicht, die Börse als Veranstaltung zu betreiben, ist es mithin lediglich, Partner eines gesetzlich hergestellten Rechtsverhältnisses zu sein, kraft dessen es der Börse obliegt, den Börsenhandel zu organisieren. Mithin liegt

---

313 Vgl. Kümpel WM 1996, 1893, 1896.
314 Kümpel WM 2000, 797, 798, 800; ders. WM 1996, 1893, 1896.
315 Kümpel WM 2000, 797 f.

keine Substitution,[316] sondern ein weitergeleiteter Auftrag in einer Spielart, der Weiterleitung kraft Gesetzes, vor.

Diese Feststellung macht es erforderlich, die Rechtswirkungen einer solchen Weiterleitung zu ermitteln. Zwei Varianten kommen in Betracht. Es führt entweder die Weiterleitung des Auftrags zum Entstehen eines Auftragsverhältnisses zwischen dem Auftraggeber und dem Dritten mit der Folge, dass eine Beendigung des Auftragsverhältnisses anzunehmen ist, das bis dahin zwischen dem Auftraggeber und dem Erstbeauftragten bestanden hat. Oder es bewirkt die Weiterleitung die Entstehung eines (Unter)Auftragsverhältnisses zwischen dem Erstbeauftragten und dem Dritten,[317] ohne dass zugleich der Auftraggeber und der Dritte in unmittelbare Rechtsbeziehungen zueinander treten. Bei der Beleihung eines Börsenträgers ist von der letztgenannten Variante auszugehen. Denn der Börsenträger soll keineswegs nach der Errichtung der Börse aus seinen Pflichten entlassen werden. Vielmehr bleibt insbesondere die Betriebspflicht und mit ihr das aus der Beleihung entspringende Auftragsverhältnis zwischen dem Bundesland und dem Träger solange bestehen, bis die Beleihung wieder aufgehoben wird. Zudem kann auch nicht davon ausgegangen werden, dass das Bundesland in eine unmittelbare auftragsrechtliche Beziehung mit der Börse treten möchte. Denn dann träfe es die Ausstattungsobliegenheit (Anstaltslast) selbst. Sinn der Beleihung ist es indes gerade, diese Last auf ein anderes Rechtssubjekt zu verlagern.

Diese Zusammenhänge werden verdunkelt, wenn dargelegt wird, die Börse bilde eine Betriebseinheit, die aus Börsenträger und Börse bestehe, und behauptet wird, alle hoheitlichen Zwangsmaßnahmen der Börse seien Maßnahmen der aus Börse und Börsenträger „zusammengesetzten" Anstalt des öffentlichen Rechts, weshalb sämtliche Handlungen der Börse dem Börsenträger selbst zuzurechnen seien.[318] Eine Anstalt hat Organe und Nutzer und sie steht, soweit sie (teil)rechtsfähig ist, in Benutzungsverhältnissen (verwaltungsrechtlichen

---

316 Bressler, Public Private Partnership im Bank- und Börsenrecht durch Beleihung mit einer Anstaltsträgerschaft, S. 105.
317 MünchKomm-Seiler, BGB, § 664 Rn. 8 f.
318 Burgi WM 2009, 2337, 2340. – In diese Richtung auch Uwe H. Schneider/Burgard WM 2000 Sonderbeilage 3, 24, 32, nach denen die Börse kein rechtlich selbstständiges Unternehmen sei; vielmehr vermittle der Träger der Börse seine Rechtsfähigkeit, was beide zu einer organisatorischen Einheit werden lasse, weshalb sich eine Abhängigkeit des Trägers auf die Börse erstrecke. In solchen Fällen sei eine Personenidentität zwischen der Börsengeschäftsführung und der Geschäftsleitung des Trägers börsenrechtswidrig (hiergegen Schwark WM 2000, 2517, 2526 f.). Vgl. ferner Burgard, Gutachten, S. 27 (= WM 2011, 1973, 1977): „symbiotische Verbindung".

Schuldverhältnissen) mit ihren Anstaltsnutzern. Sie schafft wie bereits erläutert die für eine ordnungsgemäße Durchführung des Börsenhandels notwendigen Regelwerke und erlässt die erforderlichen Verwaltungsakte gegenüber Handelsteilnehmern und Emittenten. Mit alledem hat der Börsenträger nichts zu schaffen. Er gehört nicht zu den in § 2 Abs. 1 S. 2 BörsG enumerativ aufgelisteten Börsenorganen, ist nicht einmal im Börsenrat vertreten und er ist auch nicht an den Anstaltsnutzungsverhältnissen beteiligt. Auf den Erlass der Regelwerke hat er deshalb wie bereits erwähnt keinen rechtlich vermittelten Einfluss und in den Börsenhandel eingreifen kann er gleichfalls nicht. Mithin ist er kein irgendwie gearteter Bestandteil der Börse.[319] sondern als Privatrechtssubjekt von der Börse als Anstalt des öffentlichen Rechts streng zu unterscheiden. Deshalb können ihm auch keineswegs die Handlungen der Börse im Rechtssinne zugeordnet werden.[320] Er ist in der Diktion des Börsengesetzes lediglich „Träger" der Börse als „Anstalt" des öffentlichen Rechts, mithin beliehener Anstaltsträger.

3. Beherrschungsvertrag und Demokratieprinzip

Anstaltsträgerschaft ist, da Anstalten des öffentlichen Rechts Teil der Staatsorganisation sind, originär eine Aufgabe staatlicher Stellen. Freilich ist auch die Anteilsträgerschaft durch Privatrechtssubjekte eine anerkannte Erscheinung des öffentlichen Organisationsrechts. Eine Anstaltsträgerschaft ist in zulässiger Weise häufig mit einer Beleihung des Trägers verbunden.[321] Eine Beleihung zielt auf eine Entlastung der staatlichen Verwaltung und damit auf die Ausgliederung von Verwaltungsfunktionen aus der direkten staatlichen Zuständigkeit ab.[322] Dabei kommt es zu einer Aufspaltung zwischen fortbestehender staatlicher Aufgabenzuständigkeit einerseits und Aufgabenerfüllung durch Private andererseits (funktionelle Privatisierung). Solche Aufspaltungen sind verfassungsrechtlich zulässig, weil der Bürger keinen Anspruch darauf hat, dass der Staat oder die Verwaltung eine bestimmte Organisation aufweist.[323] Eine hierfür erforderliche Beleihung, nämlich eine Übertragung der Zuständigkeit auf eine Person des Privatrechts, bestimmte einzelne hoheitliche Kompetenzen im eigenen Namen in den Handlungsformen des öffentlichen Rechts wahrzunehmen, ist zulässig, wenn

---

319 Und es bilden beide zusammen auch keine Chimäre im Grenzbereich von öffentlichem und privatem Recht.
320 Vgl. Faßbender/Reichegger WM 2009, 732, 737 f.
321 Vgl. Fett, Öffentlich-rechtliche Anstalten als abhängige Konzernunternehmen, 2000, S. 254 ff.
322 BremStGH NVwZ 2003, 81.
323 BremStGH NVwZ 2003, 81, 83.

eine formell-gesetzliche Grundlage besteht. Da eine Beleihung eine Abweichung von dem verfassungsrechtlichen Prinzip der Einheit der Staatsorganisation darstellt, unterfällt sie nämlich dem institutionellen Gesetzesvorbehalt[324] ebenso wie die Errichtung einer rechtsfähigen Anstalt als organisatorisch verselbstständigter Verwaltungseinheit.[325] Die Anstaltsträgerschaft privatrechtlich organisierter Börsenträger ist zwar im Börsengesetz nirgendwo ausdrücklich ausgesprochen. Ihre Zulässigkeit lässt sich aber mühelos aus § 6 BörsG ablesen. Wenn in § 6 Abs. 1 S. 4 und S. 5 BörsG von „Personenhandelsgesellschaft" und „persönlich haftendem Gesellschafter" gesprochen wird, wird auf Offene Handelsgesellschaften und Kommanditgesellschaften (vgl. die Überschrift vor § 105 HGB sowie § 161 Abs. 1 HGB) und damit auf Personenvereinigungen des Privatrechts Bezug genommen. Und wenn in § 6 Abs. 1 S. 6 BörsG von „Beteiligungen am Kapital" eines Börsenträgers gehandelt wird, sind damit vornehmlich Privatrechtssubjekte gemeint, weil ein Kapital zwar auch bei öffentlichrechtlichen Rechtssubjekten, ja sogar bei Anstalten des öffentlichen Rechts vorkommen kann (vgl. § 1 Abs. 1 und Abs. 2 des Gesetzes über die Kreditanstalt für Wiederaufbau), hieran aber bei der Abfassung von § 6 BörsG bzw. seiner Vorläufervorschrift in § 3 BörsG a.F. nicht gedacht worden ist und es den „Erwerb" und die „Veräußerung" („Verfügung") solcher Beteiligungen (vgl. § 6 Abs. 4 BörsG) von Ausnahmen abgesehen nur bei Privatrechtssubjekten gibt.[326]

Funktionelle Privatisierung größerer staatlicher Einheiten (Versorgungsbetriebe, Landesbanken usw.) in anstaltsrechtlichen Formen erfordert regelmäßig die Beleihung privatrechtlicher Kapitalsammelstellen, meist einer Aktiengesellschaft.[327] Im Börsengesetz, insbesondere in den Vorschriften über die Beteiligungskontrolle, ist die Zulässigkeit einer Börsenträgerschaft durch eine Aktiengesellschaft vorausgesetzt. Das folgt aus dem Umstand, dass der Gesetzgeber mit dem 4. Finanzmarktförderungsgesetz in Kenntnis des Umstands, dass der Träger der Frankfurter Wertpapierbörse schon damals eine börsennotierte Aktiengesellschaft gewesen ist, die Anteilseignerkontrolle eingeführt hat, ohne hiermit einen Rechtsformzwang für Börsenträger zu verbinden. Da eine Aktiengesellschaft als juristische Person lediglich ein rechtliches Konstrukt ist, liegt dann die Anstaltsträgerschaft mittelbar in den Händen der Anteilseigner des unmittelbaren Trägers. Auch das ist im Ansatz unproblematisch, selbst wenn die Aktien-

---

324 BremStGH NVwZ 2003, 81, 82.
325 LAG Berlin AG 1996, 140, 142.
326 Vgl. ferner den Hinweis auf § 4 Abs. 1 S. 2 BörsG a.F. bei Hammen AG 2001, 549, 556.
327 Vgl. BremStGH NVwZ 2003, 81, 84: „in der Regel in den Formen des Gesellschaftsrechts".

gesellschaft nicht ganz oder teilweise der öffentlichen Hand gehört. Denn es ist grundsätzlich auch die Beleihung von Unternehmen zulässig, die sich ausschließlich in privater Hand befinden.[328] Das wird akzeptiert, weil das Leitungsorgan der beliehenen Aktiengesellschaft die Geschäfte des Anstaltsträgers bzw. des Beliehenen selbstständig und „unter eigener Verantwortung" (§ 76 Abs. 1 AktG), d.h. unabhängig von Weisungen der Aktionäre führt.

In der Rechtspraxis wächst nicht selten das Bedürfnis, eine Unternehmensgruppe „mit einer Hand" zu führen. Das ist selbst dann, wenn das Unternehmen an der Gruppenspitze eine Drei-Viertel-Mehrheit an einer Tochteraktiengesellschaft hält, nicht ganz einfach, weil der Vorstand der Tochtergesellschaft auch an Weisungen von Großaktionären nicht gebunden ist.[329] Deshalb behilft man sich mit Beherrschungsverträgen, die den Vorstand der Tochtergesellschaft gegen die Vorschrift in § 76 Abs. 1 AktG weisungsabhängig machen (§ 308 Abs. 2 S. 1 AktG). Solche nach allgemeinem Gesellschaftsrecht ohne weiteres zulässigen Gestaltungen reiben sich nun mit dem deutschen Staatsorganisationsrecht, insbesondere mit dem Prinzip der Volkssouveränität und dem Demokratieprinzip (Art. 20 Abs. 1 und Abs. 2 GG).[330] Aus dem Demokratieprinzip folgt in einer auch für Landesanstalten wie die Börsen[331] und ihre Träger verbindlichen Weise (Art. 28 Abs. 1 GG), dass die Wahrnehmung staatlicher Aufgaben und die Ausübung staatlicher Befugnisse ausgehend vom Volk als Träger und Inhaber der Staatsgewalt einer Legitimation bedarf. Im Bereich der Verwaltung besteht diese Legitimation, wenn ein Amtsträger sein Amt durch einen seinerseits personell legitimierten, unter Verantwortung gegenüber dem Parlament handelnden Amtsträger oder mit dessen Zustimmung erhalten hat (ununterbrochene personelle Legitimation).[332] Hinzutreten muss sachlich-inhaltliche Legitimation, die im Bereich der Verwaltung besteht, wenn der Amtsträger im Auftrag und nach Weisung der Regierung bzw. der ihr nachgeordneten Stellen handelt und damit die Regierung in die Lage versetzt, Sachverantwortung gegenüber dem Parlament und damit letztendlich gegenüber dem Volk als Souverän zu übernehmen.[333] Sind diese Voraussetzungen erfüllt, kann legitimierter Amtsträger auch ein Privater sein.

---

328 BremStGH NVwZ 2003, 81, 84.
329 Hüffer, AktG, § 76 Rn. 10.
330 Vgl. LAG Berlin AG 1996, 140, 142 unter Hinweis auf Durchbrechungen im Bereich der Selbstverwaltung und aufgrund besonderer grundgesetzlicher Legitimation.
331 Hammen WM 2007, 1297, 1301; Burgi WM 2009, 2337, 2339.
332 BVerfGE 93, 37, 67 f.
333 BVerfGE 93, 37, 67 f. – Eine prominente Ausnahme ist die Deutsche Bundesbank, die gemäß § 12 S. 1 BundesbankG von Weisungen der Bundesregierung unabhängig ist.

Auf eine solche Legitimation kann sich der Börsenträger als beliehener Anstaltsträger berufen. Seine personelle Legitimation folgt daraus, dass er auf der Grundlage des Börsengesetzes durch die dort bestimmte Behörde, die Börsenaufsichtsbehörde als oberste Landesbehörde (§ 3 Abs. 1 S. 1 BörsG), beliehen, d.h. „bestellt" wird (§ 4 Abs. 1 BörsG). Die sachlich-inhaltliche Legitimation lässt sich aus dem Institut und dem Vorgang der Beleihung ableiten.[334] Die Einbindung des Trägers in die Beleihung lässt ihn als Privatrechtssubjekt im Bereich der ihm übertragenen staatlichen Aufgaben unbeschadet seiner privatrechtlichen Verfasstheit Teil der öffentlichen Verwaltung und damit Zuordnungssubjekt öffentlichrechtlicher Rechtssätze werden.[335] Hierdurch wird er Verwaltungsbehörde im funktionalen Sinne, zwar nicht der Verwaltung eingegliedert, ihr jedoch angegliedert. Damit unterliegt er grundsätzlich denselben Bindungen, die der unmittelbaren Staatsverwaltung auferlegt sind.[336] Legitimiert ist also der Börsenträger und zwar, wenn er als Aktiengesellschaft verfasst ist, soweit seine von der Börsenaufsichtsbehörde als zuverlässig akzeptierten geschäftsleitenden Personen (Vorstandsmitglieder) (§ 4 Abs. 2 S. 2 Nr. 2 BörsG) einer die sachlich-inhaltliche Legitimation vermittelnden, demokratisch verantworteten Aufsicht über die Einhaltung der Gesetzesbindung uneingeschränkt unterfallen.[337] Eine solche Aufsicht ist in jedem Fall gewährleistet, weil der Träger der Börse einer laufenden Überwachung durch die Börsenaufsichtsbehörde unterliegt (§ 3 Abs. 1 S. 2 BörsG) und weil die Aufsichtsbehörde die Börsenerlaubnis aufheben darf, wenn sich herausstellt, dass die geschäftsleitenden Personen des Börsenträgers unzuverlässig oder fachlich ungeeignet sind (§ 4 Abs. 5 S. 1 Nr. 2 BörsG i.V.m. § 4 Abs. 3 Nr. 2 BörsG).

An dieser Legitimation ändert sich zunächst nichts dadurch, dass an dem Börsenträger als Beliehenem in der Rechtsform der Aktiengesellschaft kapitalmäßig Privatrechtssubjekte beteiligt sind. Mit dieser Beteiligung sind nämlich keine mitunternehmerischen Entscheidungsbefugnisse verbunden, weil die Leitungsmacht beim Börsenträger und damit die Ausübung staatlicher Gewalt allein bei seinem geschäftsführenden Organ verbleibt (§ 76 Abs. 1 AktG).[338] Die geschilderte Legitimation besteht sogar dann noch, wenn den Anteilseignern des beliehenen Börsenträgers Zustimmungs- und Widerspruchsrechte oder ähnliches eingeräumt sind, solange diese Rechte den Beliehenen nicht daran hindern, die ihm gesetzlich zugewiesenen öffentlichen Aufgaben eigenverantwortlich zu er-

---

334 BremStGH NVwZ 2003, 81, 83.
335 Vgl. BremStGH NVwZ 2003, 81, 85.
336 BremStGH NVwZ 2003, 81, 83.
337 Vgl. BerlVerfGH NVwZ 2000, 794.
338 Vgl. BerlVerfGH NVwZ 2000, 794, 795.

füllen.[339] Dieses Bild ändert sich indes, wenn ein Beliehener einem privatrechtlichen Rechtssubjekt, auch einem Anteilseigner, das nicht selbst demokratisch legitimiert ist, mittels eines Beherrschungsvertrags uneingeschränkt Leitungsmacht einräumt. Eine solche Gestaltung widerspricht grundsätzlich dem Gebot demokratischer Legitimation.[340] Indes wird zu Recht darauf hingewiesen, dass je nach Gestaltung des Einzelfalls Ausnahmen möglich sind.[341] Beispielsweise werden im Bereich der funktionalen Selbstverwaltung Abstriche von den Anforderungen an die demokratische Legitimation gemacht.[342] Anerkannt ist zudem, dass ein Weisungsrecht jedenfalls dann nicht gegen das Gebot demokratischer Legitimation verstößt, wenn es inhaltlich so eingeschränkt ist, dass seine Wahrnehmung die in Rede stehenden öffentlichen Aufgaben nicht berührt.[343] Selbst wenn aber die vorstehend skizzierten Ausnahmetatbestände einen Beherrschungsvertrag zwischen der Holding N.V. und der Deutsche Börse AG nicht betroffen hätten, hätte das deutsche Staatsorganisationsrecht einen solchen Vertrag keineswegs unzulässig werden lassen. Vielmehr hätte sich die Holding N.V. auf Art. 49 AEUV mit der Folge berufen können, dass Deutschland sie beim Abschluss und der Durchführung des Beherrschungsvertrags nicht mittels seines Staatsorganisationsrechts hätte behindern dürfen.

4. Demokratieprinzip und Niederlassungsfreiheit

a. Beherrschungsvertrag und Niederlassungsfreiheit

Das Recht des grenzüberschreitenden Beherrschungsvertrags ist eine europarechtlich noch wenig durchleuchtete Materie. Immerhin findet sich der Hinweis, den gegen die Zulässigkeit internationaler Beherrschungsverträge vorgebrachten Einwänden stehe im Rahmen der Europäischen Union bereits das Diskriminierungsverbot des Art. 12 EGV (= Art. 18 AEUV) entgegen.[344] Mit diesem Hinweis ist die europarechtliche Dimension grenzüberschreitender Beherrschungsverträge freilich keineswegs ausgeschöpft.

---

339 Vgl. BerlVerfGH NVwZ 2000, 794, 795.
340 Vgl. BerlVerfGH NVwZ 2000, 794, 795. Das gilt auch dann, wenn der Beherrschungsvertrag nachteilige Weisungen ausdrücklich ausschließt, weil auch vorteilhafte Weisungen die Ausübung öffentlicher Gewalt betreffen.
341 Mayen DÖV 2001, 110, 117.
342 BVerfGE 107, 59, 91 f.; Mayen DÖV 2004, 45 ff.
343 Vgl. VerfGH Berlin NVwZ 2000, 794, 796; Mayen DÖV 2001, 110, 117.
344 Emmerich/Habersack, Aktien- und GmbH-Konzernrecht, 6. Aufl. 2010, § 291 AktG Rn. 37 a m.w.N.

In Kapitel III.5.a. ist dargelegt worden, dass die Holding N.V. Niederlassungsfreiheit gemäß Art. 49 AEUV genossen hat. Aus dieser Vorschrift folgt nun nicht nur, dass das Gesellschaftsstatut der Holding N.V. in Deutschland anerkannt werden musste, sondern sie gab der Holding N.V. auch das Recht, unbehindert durch das Recht des Aufnahmemitgliedstaats Niederlassungsakte vorzunehmen. Dabei schützt die Niederlassungsfreiheit einen Niederlassungswilligen auch dann, wenn er sich in einem anderen Mitgliedstaat niederlässt, ohne zugleich sein Herkunftsland zu verlassen.[345] Welche Niederlassungsakte der Niederlassungsfreiheit unterfallen, folgt aus dem Wortlaut der Bestimmung in Art. 49 AEUV. Hierzu zählen etwa die Gründung einer Tochtergesellschaft (Art. 49 Abs. 1 S. 2 AEUV) und die Beteiligung an einer im Aufnahmemitgliedstaat bereits bestehenden Gesellschaft (Art. 55 AEUV). Um diese Formen einer Niederlassung geht es indes im vorliegenden Zusammenhang nicht. Denn das Demokratieprinzip kollidiert mit der Beteiligung Privater, seien es Inländer oder EU-Ausländer, an einem beliehenen Anstaltsträger in keiner Weise, soweit die Geschäftsleitung des Beliehenen selbstständig agieren kann. Umgekehrt würde ein Verbot von Beherrschungsverträgen mit einem Beliehenen jene Formen einer Niederlassung nicht unmittelbar betreffen, weil ein solches Verbot den Erwerb von Beteiligungen in keiner Weise behindert. Beteiligungserwerb und Abschluss eines Beherrschungsvertrags sind inhaltlich voneinander zu trennen, was nicht zuletzt aus dem Umstand deutlich wird, dass ein Beherrschungsvertrag mit einer Obergesellschaft auch dann abgeschlossen werden kann, wenn die Obergesellschaft an der beherrschten Gesellschaft nicht beteiligt ist.[346] Mithin ist mit Blick auf die Frage, ob ein Beherrschungsvertrag mit dem Demokratieprinzip kollidiert, nach anderen Niederlassungsformen zu suchen, für welche die Holding N.V. Niederlassungsfreiheit in Anspruch nehmen konnte.

Ein Beherrschungsvertrag mit der Deutsche Börse AG hätte "die Leitung" dieser Gesellschaft der Holding N.V. "unterstellt" (vgl. § 291 Abs. 1 AktG). Die Deutsche Börse AG hätte dann der "Leitungsmacht" (Überschrift vor § 308 AktG) der Holding N.V unterstanden. Das ist für die Suche nach einer durch Art. 49 AEUV geschützten Niederlassungsform bedeutsam, weil die Niederlassungsfreiheit nach Art. 49 Abs. 2 AEUV "die Gründung und Leitung von Unternehmen, insbesondere von Gesellschaften im Sinne von Art. 54 Abs. 2" AEUV mit umfasst. Nach dieser Bestimmung ist es mithin ein durch den Vertrag über die Arbeitsweise der Europäischen Union garantierter Niederlassungsvorgang, wenn ein EU-ausländisches Unternehmen grenzüberschreitend die Leitung eines im Aufnahmemitgliedstaat ansässigen Unternehmens, auch einer Aktiengesell-

---

345 EuGH EuZW 1996, 92, 94.
346 Altmeppen, in: MünchKomm AktG, Einl. §§ 291 ff. Rn. 50.

schaft, übernimmt. Dabei darf der in der Wendung "Gründung und Leitung" gebrauchten Konjunktion "und" keinesfalls kumulierende Bedeutung beigemessen werden. Aus Art. 49 Abs. 1 S. 2 AEUV wird deutlich, dass bereits die Gründung einer (Tochter-)Gesellschaft für sich genommen ein geschützter Niederlassungsvorgang ist, ohne dass dabei Fragen der Leitung dieser Gesellschaft erörtert werden müssten. Deshalb muss es umgekehrt in ebenfalls niederlassungsrechtlich geschützter Weise möglich sein, die Leitung einer Gesellschaft in einem anderen Mitgliedstaat zu übernehmen, ohne diese Gesellschaft zuvor selbst gegründet zu haben. Nach Art. 49 Abs. 2 S. 2 AEUV ist nicht einmal das Bestehen einer Beteiligung an der beherrschten Gesellschaft erforderlich.[347] Denn diese Vorschrift erfasst nicht nur ("insbesondere") Gesellschaften, sondern "Unternehmen" jedweder Art, also auch solche, an denen anders als an Gesellschaften Beteiligungen gar nicht möglich sind. Dass der europarechtliche Sprachgebrauch unter den Begriff der Leitung einer Gesellschaft auch die Leitung mittels eines Beherrschungsvertrags fasst, wird aus Art. 13 des Entwurfs einer 9. Richtlinie der EWG (Konzernrichtlinie) aus dem Jahre 1984[348] deutlich, wo es ganz ähnlich wie in § 291 Abs. 1 AktG heißt: "Eine Gesellschaft kann sich ... der Leitung durch ein anderes Unternehmen unterstellen". Dieser Regelungsvorschlag, bei dem der Beherrschungsvertrag im Mittelpunkt stand,[349] ist deshalb besonders aussagekräftig, weil die Konzernrichtlinie auf der Rechtsgrundlage des Art. 54 Abs. 3 lit. g) EWGV (Art. 50 Abs. 2 lit. g) AEUV) ergehen sollte. Richtlinien auf dieser Grundlage dienen der Verwirklichung, der Erleichterung und dem Ausbau der Niederlassungsfreiheit (Art. 50 Abs. 1 AEUV),[350] also der Freiheit der Niederlassung von Staatsbürgern und Gesellschaften eines Mitgliedstaats im Hoheitsgebiet eines anderen Mitgliedstaats (Art. 49 AEUV). Mit der Koordinierung der Schutzvorschriften über Beherrschungsverträge, die in den Mitgliedstaaten den Gesellschaften vorgeschrieben sind, sollten also grenzüberschreitende[351] Beherrschungsverträge erleichtert werden.

Gegen eine Argumentation mit dem Vorschlag einer Konzernrichtlinie kann nicht eingewendet werden, die Konzernrichtlinie sei niemals in Geltung gesetzt worden, weshalb ihre Regelungen über den Beherrschungsvertrag keine Aussa-

---

347 Deshalb ist hier auch die Kapitalverkehrsfreiheit (vgl. Art. 64 AEUV: „Direktinvestitionen") von vorneherein nicht einschlägig.
348 Abgedruckt bei Lutter, Europäisches Unternehmensrecht, 4. Aufl., 1996, S. 244.
349 Vgl. Erwägungsgrund 9 des Entwurfs: „... erste Stufe der Koordinierung ... Beherrschungsvertrag".
350 EuGH Slg. 1974, 631, 651 f.; G. Schwarz, Europäisches Gesellschaftsrecht, 2000, S. 126; Kirchner, in: Festschrift für A. Moxter, 1994, S. 607 ff., 611 für die Rechnungslegungsrichtlinien.
351 Vgl. Erwägungsgrund 4 des Vorschlags.

gekraft besäßen. Richtig ist zwar, dass Vorschläge für eine Richtlinie keine irgendwie geartete (Vor-)Wirkung haben.[352] Nichtsdestoweniger anerkennt das europäische Sekundärrecht den grenzüberschreitenden Beherrschungsvertrag indirekt in der im Jahre 1983 in Kraft getretenen Richtlinie 83/349/EWG über den konsolidierten Abschluss, die gleichfalls auf die der Ausprägung der Niederlassungsfreiheit dienende Vorschrift in Art. 54 Abs. 3 lit. g) EWGV (Art. 50 Abs. 2 lit. g) AEUV) gestützt worden ist. Diese Richtlinie regelt zwar weder Inhalt noch Abschluss von Beherrschungsverträgen, baut aber die Pflicht zur Aufstellung eines konsolidierten Abschlusses auf deren Existenz und der Möglichkeit ihres grenzüberschreitenden Abschlusses auf (Art. 1 Abs. 1 lit. c) und Art. 3).[353] Mithin unterfällt auch die EU-Binnengrenzen überschreitende Leitung von Unternehmen mittels eines Beherrschungsvertrags der Niederlassungsfreiheit gemäß Art. 49 AEUV.[354]

Diese Feststellung lässt sich durch einen Vergleich mit Niederlassungsvorgängen weiter untermauern, die dem Abschluss eines Beherrschungsvertrags ähnlich sind und die der EuGH der Niederlassungsfreiheit in Art. 49 AEUV unterstellt hat. Gemeint ist die grenzüberschreitende Fusion durch Verschmelzung eines zuziehenden Rechtsträgers auf eine Gesellschaft im Aufnahmemitgliedstaat. In seinem "Sevic"-Urteil vom 13.12.2005[355] hat der EuGH festgestellt, die Niederlassungsfreiheit umfasse auch grenzüberschreitende Verschmelzungen; deshalb stünden Art. 43, 48 EGV (= 49, 54 AEUV) einer Rechtslage in einem Mitgliedstaat entgegen, die es diesem Staat (dem Zuzugsstaat) erlaube, die Eintragung einer Verschmelzung einer Gesellschaft aus einem anderen Mitgliedstaat durch Übertragung ihres Vermögens als Ganzes auf eine Gesellschaft im Zuzugsstaat in das nationale Handelsregister zu verweigern.[356] Zur Begründung hat der Gerichtshof ausgeführt, grenzüberschreitende Verschmelzungen entsprächen den Zusammenarbeitsbedürfnissen von Gesellschaften mit Sitz in verschiedenen Mitgliedstaaten und gehörten damit zu den wirtschaftlichen Tätigkeiten, hinsichtlich derer die Mitgliedstaaten die Niederlassungsfreiheit beachten müssten.[357] Diese Rechtsprechung ist auf grenzüberschreitende Beherrschungs-

---

352 Vgl. EuGH WM 1996, 1530, 1533: „nicht Bestandteil des positiven Gemeinschaftsrechts".
353 Vgl. auch noch beispielsweise Art. 3 Abs. 1 lit. j) und lit. m) der Verordnung (EG) Nr. 1060/2009 über Ratingagenturen.
354 Eyles, Das Niederlassungsrecht der Kapitalgesellschaften in der Europäischen Union, 1990, S. 98, 435.
355 EuGH NZG 2006, 112.
356 Mittlerweile geregelt durch die Verschmelzungsrichtlinie 2005/56/EG und durch §§ 122 a ff. UmwG.
357 EuGH NZG 2006, 112, 113.

verträge bestens übertragbar. Wie die Verschmelzung entspringt auch der Beherrschungsvertrag einem Bedürfnis der beteiligten Gesellschaften nach Zusammenarbeit. Die ausländische Gesellschaft wird mittels des Beherrschungsvertrags im Aufnahmemitgliedstaat unternehmerisch tätig. Wie sehr sich Verschmelzung und Beherrschung im wirtschaftlichen Ergebnis gleichen, zeigt der Umstand, dass die Verschmelzung nach europäischem Recht als ein Fall der Fusion begriffen wird (Art. 3 Abs. 1 a) Fusionskontrollverordnung (EG) Nr. 139/2004) und der Beherrschungsvertrag, wenn er mit einem Gewinnabführungsvertrag einhergeht, als „wirtschaftliche Fusion" bezeichnet wird.[358] In diese Richtung weisen auch die Erwägungsgründe des Vorschlags für eine Konzernrichtlinie, die in einem Schwerpunkt den Beherrschungsvertrag zum Gegenstand haben sollte. In Erwägungsgrund 3 wird nämlich von einer Gesamtheit von Gesellschaften unter der Leitung eines Unternehmens gesprochen, die als Ganzes wie ein Unternehmen geführt würden. Schließlich zeigt sich die Ähnlichkeit von Verschmelzung und Beherrschung auch daran, dass das europäische Recht sowohl die Verschmelzung als auch den Abschluss eines Beherrschungsvertrags als eine Art des Zusammenschlusses von Unternehmen gemäß Art. 3 Abs. 1 Fusionskontrollverordnung (EG) Nr. 139/2004 definiert.[359] Da ein Beherrschungsvertrag zwischen der Holding N.V. und der Deutsche Börse AG den Schutz der Niederlassungsfreiheit genoss, hätte er mithin grundsätzlich nicht durch Beteiligungsverbote deutschen Rechts welcher Art auch immer behindert oder weniger attraktiv gemacht werden dürfen.[360]

b. Ausübung öffentlicher Gewalt gemäß Art. 51 AEUV

Niederlassungsfreiheit besteht keineswegs grenzenlos. Gemäß Art. 51 AEUV findet sie auf Tätigkeiten, die in einem Mitgliedstaat dauernd oder zeitweise mit der Ausübung öffentlicher Gewalt verbunden sind, keine Anwendung. Gewichtet man nun den Umstand, dass nach Abschluss eines Beherrschungsvertrags die Holding N.V. die Deutsche Börse AG als *öffentlichrechtlich* beliehenen Anstaltsträger geleitet hätte, ist zu fragen, ob deutsche Aufsichtsbehörden die Deutsche Börse AG und die Holding N.V. unter Berufung auf Art. 51 AEUV von der Eingehung eines solchen Vertrags hätten abhalten dürfen.

---

358 Altmeppen, in: MünchKomm AktG, Einl. §§ 291 ff. Rn. 4; Hennrichs ZHR 174 (2010), S. 683, 684.
359 Langen/Bunte, Kommentar zum deutschen und europäischen Kartellrecht, Bd. 2, 11. Aufl. 2010, Art. 3 FKVO Nr. 139/2004 Rn. 18 für die Verschmelzung, Rn. 30 für den Beherrschungsvertrag.
360 Vgl. EuGH AG 2011, 81, 83.

Der Begriff der Ausübung öffentlicher Gewalt ist ein unionsrechtlicher Rahmenbegriff, der vorgibt, was öffentliche Gewalt sein *kann*.[361] Die Entscheidung darüber, welche Tätigkeiten mit der Ausübung öffentlicher Gewalt verbunden werden, liegt grundsätzlich im Ermessen der Mitgliedstaaten.[362] Freilich genießt nicht jede Einrichtung öffentlicher Gewalt durch die Mitgliedstaaten das Privileg der Bereichsausnahme in Art. 51 AEUV. Die durch diese Vorschrift gezogenen Grenzen der Niederlassungsfreiheit können die Mitgliedstaaten keineswegs beliebig durch eine Ausweitung ihres öffentlichrechtlichen Sektors weiter einengen, weil der Begriff der Ausübung öffentlicher Gewalt als unionsrechtlicher Begriff ihrer Dispositionsfreiheit entzogen ist. Der Spielraum der Mitgliedstaaten bei der Einrichtung öffentlichrechtlicher Gewalt, die der Niederlassungsfreiheit entzogen ist, wird dadurch weiter eingeengt, dass die Bereichsausnahme in Art. 51 AEUV „sehr restriktiv" interpretiert werden muss. Es soll nämlich verhindert werden, dass die Niederlassungsfreiheit dadurch ihrer Wirksamkeit beraubt wird, dass die Mitgliedstaaten beliebig Tätigkeiten einem öffentlichrechtlichen Regime unterstellen.[363] Als Ausnahme von der Grundregel der Niederlassungsfreiheit ist Art. 51 AEUV so auszulegen, dass sich seine Tragweite auf das beschränkt, was zur Wahrung der Interessen, deren Schutz diese Bestimmung den Mitgliedstaaten erlaubt, unbedingt erforderlich ist. Diese Ausnahmeregelung muss auf solche Tätigkeiten beschränkt werden, die als solche unmittelbar und spezifisch mit der Ausübung öffentlicher Gewalt verbunden sind.[364] Dass in Verfolgung eines im Allgemeininteresse liegenden Ziels gehandelt wird, genügt nicht, um eine Tätigkeit als in dieser Form mit der Ausübung öffentlicher Gewalt verbunden einzustufen.[365] Deshalb fallen einige Arten der Ausübung hoheitlicher Befugnisse aus der Bereichsausnahme in Art. 51 AEUV heraus und damit in das Anwendungsfeld von Art. 49 AEUV hinein.

Für die Beantwortung der Frage, welche Arten von Tätigkeiten hierzu zählen, gibt es kein einheitliches Kriterium. Untypisch für die Ausübung öffentlicher Gewalt ist es, wenn die betreffende Tätigkeit – wie diejenige des Börsenträgers[366] – unter Wettbewerbsbedingungen ausgeübt wird.[367] Ein Indiz für öffentliche Gewalt ist es, wenn ein Mitgliedstaat bei der Tätigkeit dem Bürger ge-

---

361 Grabitz/Hilf/Randelzhofer/Forsthoff, Das Recht der Europäischen Union, Bd. 2, EL 18 Mai 2001, Art. 45 EGV Rn. 5.
362 Geiger/Khan/Kotzur, EUV/AEUV, 5. Aufl. 2010, Art. 51 AEUV Rn. 2.
363 EuGH v. 24.5.2011, Rs. C-47/08 Rn. 83; Geiger/Khan/Kotzur, EGV/AEUV, Art. 51 AEUV Rn. 3, 4.
364 EuGH v. 24.5.2011, Rs. C-47/08 Rn. 84, 85.
365 EuGH v. 24.5.2011, Rs. C-47/08 Rn. 96.
366 Kunz, Ausgewählte Rechtsprobleme des Zentralen Kontrahenten, 2009, S. 192 ff.
367 EuGH v. 24.5.2011, Rs. C-47/08 Rn. 117.

genüber von Sonderrechten, Hoheitsprivilegien und Zwangsbefugnissen Gebrauch macht.[368] Feststeht, dass der Erlass von Verwaltungsakten durch Private der Bereichsausnahme in Art. 51 AEUV unterfällt, es sei denn, es handele sich um einen lediglich vorbereitenden Hilfsakt.[369] Über die Tätigkeiten ohne Verwaltungsaktsqualität herrscht in Deutschland Streit. Die herrschende Meinung stellt auf die Form der öffentlichrechtlichen Tätigkeit (des Verwaltungshandelns) ab und will schlichthoheitliches Handeln im Sinne des deutschen Verwaltungsrechts aus dem Anwendungsbereich von Art. 51 AEUV herausnehmen.[370] Andere stellen die Funktion der Tätigkeit in den Vordergrund und fragen danach, ob die Tätigkeit lediglich vorbereitende Handlung für den späteren Erlass eines Verwaltungsakts, also bloße Hilfstätigkeit ist oder bereits den Vorgang abschließt.[371] Welcher dieser Auffassungen der Vorzug zu geben ist, kann im Folgenden unentschieden bleiben. Denn die Tätigkeiten, die der Börsenträger bei der Erfüllung des ihm mit der Beleihung erteilten Auftrags, die Börse als Veranstaltung zu betreiben, zu leisten hat, sind beides: sowohl schlichthoheitlicher als auch lediglich vorbereitender, allenfalls helfender Natur,[372] mithin in jedem Fall von der Bereichsausnahme in Art. 51 AEUV frei.

c. Schlichthoheitliches bzw. lediglich vorbereitendes Handeln des Börsenträgers

Ob der Träger einer Börse Verwaltungsakte erlässt, ist lediglich in einer Hinsicht erörterungsbedürftig. Nach § 4 Abs. 1 BörsG „bedarf" „die Errichtung einer Börse" der Erlaubnis der Börsenaufsichtsbehörde. Und nach § 5 Abs. 1 S. 1 BörsG wird „der Antragsteller" „mit Erteilung der Erlaubnis ... als Träger der Börse zu deren Errichtung berechtigt". Der Wortlaut dieser Bestimmungen erweckt den Eindruck, es geschehe die Errichtung einer Börse in zeitlich-sachlicher Abfolge, nämlich in zwei Akten dergestalt, dass zunächst die Börsenerlaubnis erteilt wird, woraufhin dann der Träger die Börse errichtet. Hiernach ist bei erstem Hinsehen für die Entstehung einer Börse neben der Erlaubnis noch

---

368 EuGH v. 24.5.2011, Rs. C-47/08 Rn. 86; Streinz/Müller-Graff, EUV/EGV, 2003, Art. 45 EGV Rn. 5.
369 EuGH Slg. 1993, I-4047, 4073 Rn. 22; EuGH v. 24.5.2011, Rs. C-47/08 Rn. 86.
370 Streinz/Müller-Graff, EUV/EGV, Art. 45 EGV Rn. 5.
371 Grabitz/Hilf/Randelzhofer/Forsthoff, Das Recht der Europäischen Union, Bd. 2, Art. 45 EGV Rn. 9.
372 Nach Vorstellungen des Bundesrates (BR-Drucks. 607/12, S. 5) und des Finanzausschusses (BT-Drucks. 17/12536, S. 9, 32) soll der Börsenträger durch Erhebung besonderer Entgelte für übermäßige Nutzung der Börsensysteme an der Eindämmung des Hochfrequenzhandels an der betreffenden Börse mitwirken können.

ein besonderer Akt, der Errichtungsakt, erforderlich, den nicht die Aufsichtsbehörde, sondern der Träger vorzunehmen hat. Mithin wäre die Erlaubnis lediglich Voraussetzung und Rechtsgrund für diesen besonderen Akt. An dieser Stelle ist nun bedeutsam, dass die Errichtung einer Anstalt des öffentlichen Rechts in der Regel eines Verwaltungsakts bedarf.[373] So verhält es sich auch bei der Börse als teilrechtsfähiger Anstalt des öffentlichen Rechts, obgleich die Einrichtung nichtrechtsfähiger öffentlicher Anstalten gewöhnlich lediglich einen bloßen Organisationsakt erfordert.[374] Denn der Errichtungsakt hat, wie es für Verwaltungsakte begriffsprägend ist (§ 35 S. 1 VwVfG), Außenwirkung. Es entsteht nämlich ein eigenständiges „teilrechtsfähiges" Rechtssubjekt, das – vertreten durch seine Organe (§ 15 Abs. 3 BörsG) – in Rechtsbeziehungen zu Dritten treten kann. Mithin könnte man, da es nach dem Wortlaut von §§ 4, 5 BörsG der Träger ist, der die Börse errichtet, auf den Gedanken verfallen zu meinen, der Träger sei, da er zur Errichtung der Börse durch Verwaltungsakt berufen sei, zur Ausübung öffentlicher Gewalt i.S.v. Art. 51 AEUV befugt.

Gleichwohl führt der Wortlaut von §§ 4, 5 BörsG in die Irre, weil für eine Errichtung der Börse durch einen Verwaltungsakt ihres Trägers kein Raum bleibt. Dieses Ergebnis lässt sich aus § 12 Abs. 5 BörsG herleiten. Wenn die Börsenaufsichtsbehörde nach dieser Vorschrift „mit der Genehmigung einer neuen Börse" einen vorläufigen Börsenrat, also ein Organ (§ 3 Abs. 1 S. 2 BörsG) dieser dann doch zwingend gleichzeitig entstehenden Börse bestellt, scheidet ein dazwischengeschalteter Errichtungsakt des Börsenträgers aus.[375] Hierin liegt eine – aber zulässige – Ausnahme von der Erscheinung, dass der Anstaltsträger, weil er in der Regel mit der Errichtungskörperschaft identisch ist, die Anstalt nicht nur trägt, sondern auch errichtet.[376] Auch mit den weiteren Errichtungsschritten der Börse ist der Träger nicht befasst, weil – um nur einiges zu nennen – der Erlass der Regelwerke der Börse, die Bestellung der Geschäftsführer (§ 9 Abs. 2 BörsG) und die Einrichtung einer Handelsüberwachungsstelle als Börsenorgan (§ 4 Abs. 1 BörsG) dem Börsenrat bzw. der Börse obliegen. Alles was die Börse ausmacht, geht von dem vorläufigen, in seinen Befugnissen keinen Einschränkungen unterliegenden Börsenrat aus, mit dessen Einsetzung der Börsenträger aber nicht befasst ist. Es gibt nichts Börsenorganisationsrechtliches, was der Börsenträger nach der Bestellung des vorläufigen Börsenrates noch tun könnte und es gibt im Börsengesetz keinen Anhaltspunkt für einen wei-

---

373 Stelkens/Bonk/Sachs, VwVfG, § 35 Rn. 122 m.w.N.; Schwark/Zimmer/Beck, KMRK, § 1 BörsG Rn. 13 Fn. 107.
374 Wolff/Bachof/Stober, Verwaltungsrecht Bd. 3, § 88 III, S. 376 Rn. 43.
375 Christoph, Börsenkooperationen und Börsenfusionen, S. 170 f.
376 Wolff/Bachof/Stober, Verwaltungsrecht Bd. 3, § 88 I 2, S. 360 Rn. 13.

teren Errichtungsakt des Trägers. Der Träger wird lediglich in Erfüllung seiner Betriebspflicht tätig. Hieraus folgt, dass die Börsenerlaubnis eine doppelte Wirkung hat. Sie berechtigt und verpflichtet nicht nur den Börsenträger, die Börse zu betreiben, sondern ist auch der konstitutive Rechtsakt für die Entstehung der Börse als Anstalt des öffentlichen Rechts.[377] Mithin ist die Erlaubnis, da sie nur auf Antrag des Börsenträgers ergeht, zwar ein seiner Mitwirkung bedürftiger Verwaltungsakt.[378] Die Errichtung selbst unterfällt jedoch nicht seiner unmittelbaren Disposition. Errichtet im rechtlichen Sinne wird eine Börse von dem betreffenden Bundesland. Aufgabe des Trägers ist dabei lediglich die erstmalige „Ein"richtung und Ausstattung der Anstalt.[379]

Deshalb und insoweit beinhaltet die Börsenerlaubnis auch keine Delegation staatlicher Organisationsgewalt an den Träger.[380] Alle organisatorischen Maßnahmen des Börsenbetriebs beschließt allein die Börse, ohne dass der Börsenträger hierauf rechtlich Einfluss nehmen kann; hierdurch unterscheidet sich das Börsenorganisationsrecht vom allgemeinen Anstaltsrecht, das dem Anstaltsträger, soweit gesetzlich nichts anderes bestimmt ist, die Organisation der Anstalt, die Bestellung der Organwalter und ein Weisungsrecht gegenüber der Anstaltsgeschäftsführung zuweist. Seit dem Berliner Börsenstreit der Jahre 1902 und 1903 ist geklärt, dass selbst die wirtschaftliche Abhängigkeit der Börse von ihrem Träger letzteren nicht berechtigt, auf die inneren Börsenangelegenheiten – und zwar vom ersten Organisationsakt an – Einfluss zu nehmen.[381] Die Feststellung, dass es die Börse ist, die den Börsenhandel organisiert, gilt selbst für Gegenstände, die mit der Erfüllung der Betriebspflicht des Trägers zu tun haben. Inhalt der Betriebspflicht kann es beispielsweise sein, der Börse ein neues elektronisches Handelssystem zur Verfügung zu stellen. Die Entscheidung über die Einführung eines solchen Systems obliegt jedoch allein den Organen der Börse (vgl. § 12 Abs. 2 S. 2 BörsG). Mithin berechtigt die Beleihung den Träger nicht zu einseitigem hoheitlichen Handeln durch Verwaltungsakt.

Zu den Befugnissen eines Beliehenen gehört es, Staatsaufgaben in den Handlungsformen des öffentlichen Rechts durch Verwaltungsakt oder schlicht-

---

377 Schwark/Zimmer/Beck, KMRK, § 4 BörsG Rn. 5; Breitkreuz, Die Ordnung der Börse, S. 72 m.w.N. in Fn. 309; Christoph, Börsenkooperationen und Börsenfusionen, S. 171 m.w.N. in Fn. 424; vgl. auch BT-Drucks. 14/8017, S. 72.
378 Schwark/Zimmer/Beck KMRK, § 4 BörsG Rn. 3.
379 Bressler, Public Private Partnership im Bank- und Börsenrecht durch Beleihung mit einer Anstaltsträgerschaft, S. 89.
380 So aber Schwark/Zimmer/Beck, KMRK, § 4 BörsG Rn. 5.
381 Kümpel/Hammen, Börsenrecht, S. 122; Schwark WM 2000, 2517, 2520; Spindler WM 2001, 1689, 1696.

hoheitlich selbstständig wahrzunehmen,[382] wobei es aber nicht zwingend erforderlich ist, dass er Verwaltungsakte zu setzen befugt ist.[383] Zur schlichten Hoheitsverwaltungsverwaltung wird auch die Unterhaltung von Anstalten gezählt.[384] Ein Beliehener, dem lediglich schlichthoheitliches Handeln gestattet ist, ist der Börsenträger.[385] Solches schlichthoheitliches Verwaltungshandeln kann in den Tätigkeiten erblickt werden, die der Träger in Erfüllung seiner Betriebspflicht leisten muss. Hier wirkt es sich nun zusätzlich aus, dass der einem Börsenträger von dem betreffenden Bundesland erteilte Auftrag, die Börse als Veranstaltung zu betreiben, ein weitergeleiteter Auftrag ist. In Kapitel IV. 2. ist gezeigt worden, dass den Träger keine eigene Verpflichtung trifft, die Börse als Veranstaltung zu betreiben, sondern lediglich die Pflicht, die Börse mit dieser Veranstaltung zu „beauftragen". Mithin hat er lediglich die Aufgaben zu erfüllen, die der Vorbereitung der Börsenveranstaltung dienen. Die Organisation der Börsenveranstaltung mittels Satzungen und Verwaltungsakten seitens der Börse bereitet er vor, indem er der Börse, wie gesagt durch schlichthoheitliches Handeln, die für den Börsenbetrieb erforderlichen Mittel zur Verfügung stellt.

Es ist anerkannt, dass auch Akte, die – ohne selbst Außenwirkung zu haben – einen Verwaltungsakt einer Behörde vorbereiten, hoheitliche Tätigkeiten sein können, mit denen eine Privatperson beliehen werden darf, sofern es – wie im Börsenrecht – ein Gesetz erlaubt.[386] Im Börsenwesen ist beispielsweise daran zu denken, dass der Träger im Rahmen seiner Pflicht, zur angemessenen Fortentwicklung des Börsenbetriebs beizutragen, Initiativen entwickelt[387] und Vorschläge für eine Modernisierung des Börsenhandels unterbreitet und damit die Entschließung einer Behörde, des zuständigen Organs der Börse, vorbereitet. Natürlich trifft die Börse selbst die Entscheidung über solche Vorschläge des Börsenträgers (§ 16 BörsG). Auch die Anstellung von Personal im Rahmen der Erfüllung der Betriebspflicht, etwa der Geschäftsführer der Börse, ist lediglich eine Tätigkeit vorbereitender Natur. Denn diese Anstellung geht mit der Bestellung der Mitglieder der Geschäftsführung als Organ der Börse durch den Börsenrat einher (§ 12 Abs. 2 S. 1 Nr. 2 BörsG), also derjenigen Personen, die die für die Veranstaltung des Börsenbetriebs erforderlichen Verwaltungsakte erlas-

---

382 Burgi, in: Erichsen/Ehlers, Allgemeines Verwaltungsrecht, 12. Aufl. 2002, § 54 III, S. 861; Maurer, Allgemeines Verwaltungsrecht, 14. Aufl. 2002, § 23 Rn. 59.
383 Wolff/Bachof/Stober, Verwaltungsrecht, Bd. 3, § 90 V, S. 517 Rn. 35.
384 Wolff/Bachof/Stober, Verwaltungsrecht Bd. 1, 11. Aufl. 1999, § 23 VII, S. 315 Rn. 40.
385 Kümpel/Hammen, Börsenrecht, S. 109 f.
386 BVerwG BB 1972, 422; Wolff/Bachof/Stober, Verwaltungsrecht, Bd. 3, § 90 II 2, S. 512 Rn. 15.
387 Beck BKR 2002, 662, 664.

sen. Da also der Börsenträger bei der Veranstaltung des Börsenhandels auf vorbereitende Tätigkeiten schlichthoheitlicher Art beschränkt ist, unterfällt sein Handeln der Bereichsausnahme in Art. 51 AEUV nicht.[388] Deshalb hätte die Holding N.V., wenn sie mit der Deutsche Börse AG einen Beherrschungsvertrag abgeschlossen hätte, Niederlassungsfreiheit gemäß Art. 49 AEUV genossen.[389] Das nach dieser Bestimmung bestehende, an die Mitgliedstaaten gerichtete Verbot, Niederlassungsvorgänge zu behindern, geht dem durch das Demokratieprinzip geprägten öffentlichen Organisationsrecht beliehener Anstaltsträger vor. Denn das Recht der Europäischen Union hat gegenüber dem Recht der Mitgliedstaaten, selbst gegenüber ihrem Verfassungsrecht Vorrang.[390] Das hat zur Folge, dass jede dem Unionsrecht entgegenstehende Bestimmung des geltenden mitgliedstaatlichen Rechts ohne weiteres unanwendbar ist.[391] Folglich konnte es der Holding N.V., wenn sie einen Beherrschungsvertrag mit der Deutsche Börse AG abgeschlossen hätte, nicht entgegengehalten werden, die Beherrschung eines beliehenen Börsenträgers sei mit dem aus dem Demokratieprinzip ableitbaren Erfordernis persönlicher und sachlicher Legitimation unvereinbar.

V. Zusammenfassung

1. Die geplante Fusion eines deutschen Börsenträgers mit einer ausländischen Börsenorganisation gibt der Börsenaufsichtsbehörde keine Handhabe, die dem Träger erteilte Erlaubnis zum Betreiben der Börse aufzuheben, weil das Anteilseignerkontrollverfahren nach § 6 Abs. 2 BörsG vorgreiflich ist.

---

388 Ebenso Bressler, Public Private Partnership im Bank- und Börsenrecht durch Beleihung mit einer Anstaltsträgerschaft, S. 175 f.; ferner Schönemann, Die Organisationsstruktur der Börse, S. 142; da die Erbringung der börslichen Dienstleistungen auch in privatrechtlicher Form denkbar sei, liege keine spezifische Hoheitsgewalt vor; so auch schon Mues, Die Börse als Unternehmen, S. 144 ff.; auch Lepczyk, Rechtliche Aspekte internationaler Börsenfusionen, S. 160.
389 Die eine Beschränkung der Niederlassungsfreiheit rechtfertigenden zwingenden Gründe des Allgemeininteresses (vgl. EuGH WM 1999, 956, 959) bleiben in dieser Untersuchung ausgeklammert.
390 EuGH Slg. 1996, S. I-3207 Rn. 37, 38; Bieber/Epiney/Haag, Die Europäische Union, § 3 S. 110 f.
391 EuGH Slg. 1978, S. 629 Rn. 17, 18; Bieber/Epiney/Haag, Die Europäische Union, § 3 S. 111.

2. Für eine Erlaubnis des Erwerbs einer bedeutenden Beteiligung an einem Börsenträger durch einen interessierten Erwerber unter Auflagen seitens der Börsenaufsichtsbehörde besteht kein Raum, weil die Behörde auf das Instrument der Untersagung gemäß § 6 Abs. 2 BörsG und eine laufende Anteilseignerkontrolle nach § 6 Abs. 3, 4 BörsG beschränkt ist.

3. Eine Nebenbestimmung (auflösende Bedingung) zu einer Börsenerlaubnis über die Zusammensetzung des Aktionariats eines Börsenträgers kann nicht auf § 36 VwVfG gestützt werden und verstößt zudem gegen die Niederlassungsfreiheit in Art. 49 AEUV.

4. Die nach § 6 Abs. 2 BörsG durchzuführende Anteilseignerkontrolle eröffnet der Börsenaufsichtsbehörde keineswegs unbegrenzte Beurteilungsspielräume, weil eine Untersagung des Erwerbs einer bedeutenden Beteiligung nur nach Maßgabe der in § 6 Abs. 2 BörsG enumerativ aufgelisteten Untersagungsgründe ausgesprochen werden darf.

5. Die Anteilseignerkontrolle darf nicht zu industriepolitischen Zwecken genutzt werden.

6. Der Abschluss eines Beherrschungsvertrags als solcher ist nicht geeignet, eine Untersagung auszulösen, weil § 6 BörsG davon ausgeht, dass die Beherrschung eines Börsenträgers im Grundsatz zulässig ist.

7. Mögliche zukünftige Interessengegensätze in einem geplanten Börsenkonzern rechtfertigen die Untersagung der Bildung dieses Konzerns nicht. Die Börsenaufsichtsbehörde darf erst eingreifen, wenn Interessenkonflikte tatsächlich auftreten.

8. Die Überwachung eines EU-ausländischen Anteilseigners durch die Börsenaufsichtsbehörde ist in einer europarechtlichen Standards genügenden Weise gewährleistet.

9. Die Leitungsstrukturen einer EU-ausländischen Gesellschaft begründen keinesfalls ihre Unzuverlässigkeit als Anteilseigner eines deutschen Börsenträgers, weil das EU-ausländische Gesellschaftsstatut gemäß Art. 49 AEUV in Deutschland ohne Abstriche anzuerkennen ist, weshalb es keine Behinderung der Niederlassungsfreiheit durch Beteiligungsverbote rechtfertigt.

10. Durch den Abschluss eines Beherrschungsvertrags zwischen einer Gesellschaft und einem Börsenträger wird der Betrieb der betreffenden Börse nicht beeinträchtigt, weil die Geschäftsleitung des Börsenträgers Weisun-

gen jener Gesellschaft, die der Betriebspflicht des Börsenträgers zuwiderlaufen, keine Folge leisten darf.

11. Auch der Abschluss eines Gewinnabführungsvertrags kann die Erfüllung der Betriebspflicht eines Börsenträgers nicht gefährden, weil die Ansprüche der Börse durch die Verlustausgleichspflicht der anderen Vertragspartei nach § 302 AktG geschützt werden und weil dem Börsenträger, auch wenn er keine Rückstellungen für Investitionen machen kann, hierfür mannigfaltige Finanzierungsquellen zur Verfügung stehen.

12. Gegen eine Übernahme des Handelssystems einer Schwestergesellschaft des Börsenträgers bestehen keine Bedenken, wenn der Börsenrat zustimmt und wenn dieses System den Anforderungen des deutschen Börsengesetzes genügt.

13. „Tatsachen" (§ 6 Abs. 2 S. 1 BörsG), welche die Annahme hätten rechtfertigen können, der interessierte Erwerber oder seine geschäftsleitenden Personen seien unzuverlässig oder es beeinträchtige die Übernahme den Börsenbetrieb und seine Fortentwicklung, sind bei der geplant gewesenen Fusion von Deutscher Börse AG und NYSE Euronext nicht ersichtlich gewesen.

14. Das aus dem Demokratieprinzip ableitbare Erfordernis persönlicher und sachlicher Legitimation Beliehener steht einem Beherrschungsvertrag mit einem beliehenen Anstaltsträger nicht entgegen, weil EU-grenzüberschreitende Beherrschungsverträge den Schutz der Niederlassungsfreiheit (Art. 49 AEUV) genießen und deshalb nicht – auch nicht mittels Regeln des Staatsorganisationsrechts – behindert oder weniger attraktiv gemacht werden dürfen.

Schriftenverzeichnis

Bader, Johann/Ronellenfitsch, Michael, Verwaltungsverfahrensgesetz: VwVfG, München 2010.

Baumbach, Adolf/Duden, Konrad/Hopt, Klaus J., Handelsgesetzbuch, 24. Auflage, München 1980.

Baumbach, Adolf/Hopt, Klaus J., Handelsgesetzbuch, 35. Auflage, München 2012.

Baums, Theodor, Eigenkapital: Begriff, Aufgaben, Sicherung, ZHR 175 (2011), S. 160 ff.

Beck, Heiko, Die Reform des Börsenrechts im Vierten Finanzmarktförderungsgesetz, BKR 2002, 662 ff.

Beitzke, Günther, Zur Anerkennung von Handelsgesellschaften im EWG-Bereich, AWD 1968, 91 ff.

Behnke, Thorsten/Dejmek, Paulina, Ausreiseverbote im europäischen Pass für Bankdienstleistungen und ihre Vereinbarkeit mit Europarecht, WM 2008, 1912 ff.

Bieber, Roland/Epiney, Astrid/Haag, Marcel, Die Europäische Union: Europarecht und Politik, 9. Auflage, Baden-Baden 2011.

Boos, Karl-Heinz/Fischer, Reinfrid/Schulte-Mattler, Hermann, Kreditwesengesetz: KWG, Kommentar zu KWG und Ausführungsvorschriften, 4. Auflage, München 2012.

Bopp, Matthias, Fusionen und Kooperationen deutscher Börsen und ihrer Träger, erscheint demnächst.

Bouffier, Volker, Finanzplatz muss krisenfest werden, Börsen-Zeitung v. 11.5.2011, S. 5.

Breitkreuz, Tilman, Die Ordnung der Börse: Verwaltungsrechtliche Zentralfragen des Wertpapierbörsenwesens, Berlin 2000.

Bressler, Stefan, Public Private Partnership im Bank- und Börsenrecht durch Beleihung mit einer Anstaltsträgerschaft, Frankfurt am Main 2009.

Burgard, Ulrich, Börsenrechtliche Bewertung einer Einbeziehung der Trägergesellschaft der Frankfurter Wertpapierbörse in einen multinationalen Börsenkonzern und die Verlagerung des Handels in Standardwerten an eine andere Börse, WM 2000 Sonderbeilage 3, S. 24 ff. (zusammen mit Uwe H. Schneider).

–, Zehn Irrtümer über den Zusammenschluss der Deutsche Börse AG mit NYSE Euronext, http://www.ww.uni-magdeburg.de/hwr/dateien/boersenfusion/boersenfusion0001.pdf (8.5.2013).

–, Pressekonferenz zum Fusionsvorhaben Deutsche Börse/NYSE Euronext am 6.9.2011 (unveröffentlicht).

–, Die börsenrechtliche Zulässigkeit des Zusammenschlusses der Deutsche Börse AG mit der NYSE Euronext im Blick auf die Frankfurter Wertpapierbörse, Wissenschaftliches Gutachten, 2011, ungedruckt; gekürzte Fassung des Gutachtens in: WM 2011, 1973 ff., WM 2011, 2021 ff.

Burgi, Martin, Börse, Börsenträger und Börsenaufsicht im System des Wirtschaftsverwaltungsrechts, WM 2009, 2337 ff.

Calliess, Christian/Ruffert, Matthias, EUV/AEUV, Das Verfassungsrecht der Europäischen Union mit Europäischer Grundrechtecharta, 4. Auflage, München 2011.

Christoph, Fabian L., Die Anteilseignerkontrolle nach dem Börsengesetz, WM 2004, 1856 ff.

–, Die börsenrechtliche Zulässigkeit einer expansiven Unternehmenspolitik durch deutsche Börsenbetreiber, ZBB 2005, 82 ff.

–, Börsenkooperationen und Börsenfusionen: Organisationsrecht – Aufsichtsrecht, Kartellrecht, Berlin 2007.

Clostermeyer, Maximilian, Staatliche Übernahmeabwehr und die Kapitalverkehrsfreiheit zu Drittstaaten, Europarechtliche Beurteilung der §§ 7 Abs. 2 Nr. 6 AWG, 53 AWV, Baden-Baden, 2011.

Döring, Claus, Die unterschätzten Stakeholder der Börse, Börsen-Zeitung v. 28.1.2012, S. 8.

Dreher, Meinrad, Inhalt und Grenzen einer künftigen Mißstandsaufsicht des VAG – Überlegungen zu einem neuen § 81 VAG –, VersR 1993, 1443 ff.

–, Die Mißstandsaufsicht über Versicherungsunternehmen nach dem Versicherungsaufsichtsgesetz 1994, WM 1995, 509 ff.

Drobnig, Ulrich, Das EWG-Übereinkommen über die Anerkennung von Gesellschaften und juristischen Personen, AG 1973, 125 ff.

Erichsen, Hans-Uwe/Ehlers, Dirk, Allgemeines Verwaltungsrecht, 12. Auflage, München 2002.

Ehricke, Ulrich/Ekkenga, Jens/Oechsler, Jürgen, Wertpapiererwerbs- und Übernahmegesetz: WpÜG, München 2003.

Emmerich, Volker/Habersack, Mathias, Aktien- und GmbH-Konzernrecht, 6. Auflage, München 2010.

Eyles, Uwe, Das Niederlassungsrecht der Kapitalgesellschaften in der Europäischen Gemeinschaft und seine Verwirklichung auf der Grundlage primären und sekundären Gemeinschaftsrecht: Inhalt und Grenzen einer Überlagerung des deutschen Gesellschaftsrechts und Unternehmenssteuerrechts durch das öffentliche Wirtschaftsrecht der Europäischen Gemeinschaft, Konstanz 1990.

Fassbender, Christian/Reichegger, Heidi, Haftungsrechtliche Verantwortung für Fehlverhalten von Börsenorganen, WM 2009, 732 ff.

Fenchel, Udo, Das Vierte Finanzmarktförderungsgesetz – ein Überblick, DStR 2002, 1355 ff.

Fett, Torsten, Öffentlich-rechtliche Anstalten als abhängige Konzernunternehmen: dargestellt unter besonderer Berücksichtigung des „Berliner Modells" zur Konzernierung der Landesbank Berlin, Berlin 2000.

Francioni, Reto, Börsen im internationalen Wettbewerb: Konsolidierung als Teilaspekt einer globalen Wachstumsstrategie, Der Konzern 2008, 260 ff.

Geiger, Rudolf/Khan, Daniel-Erasmus/Kotzur, Markus, EUV, AEUV, Vertrag über die Europäische Union und Vertrag über die Arbeitsweise der Europäischen Union, 5. Auflage, München 2010.

Geßler, Ernst/Hefermehl, Wolfgang/Eckhardt, Ulrich/Kropff, Bruno, Aktiengesetz – Kommentar, Band VI, München 1976.

Grabitz, Eberhard/Hilf, Meinhard, Das Recht der Europäischen Union, Band II, München, Erg.-Lief. 18. Mai 2001.

van der Grinten, Willem/Gitmans, Wilbert, Jura Europae, Gesellschaftsrecht, Bd. III, Niederlande, München.

Groß, Wolfgang, Kapitalmarktrecht, 4. Auflage, München 2009.

Gurlit, Elke/Mülbert, Peter O., Der Börsenträger im Spannungsfeld von Gemeinwohlauftrag und Privatinteresse, Baden-Baden 2012.

Hammen, Horst, EG-rechtliche Grenzen mitgliedstaatlicher Bankgesetzgebung, EuZW 1996, 460 ff.

–, Beschränkung von Beteiligungen der Kreditinstitute an Nichtbankunternehmen, ZHR 160 (1996), S. 133 ff.

–, Zweigniederlassungsfreiheit europäischer Gesellschaften und Mitbestimmung der Arbeitnehmer auf Unternehmensebene, WM 1999, 2487 ff.

–, Zur Genehmigungsfähigkeit eines geplanten Börsenverbundes, WM 2000, Sonderbeilage 3, S. 3 ff. (zusammen mit Siegfried Kümpel).

–, Börsenorganisationsrecht im Wandel, AG 2001, 549 ff.

–, Börsen- und kreditwesengesetzliche Aufsicht über börsenähnliche Handelssysteme, Wertpapierbörsen und Börsenträger, WM 2001, 929 ff.

–, Rechte der Emittenten bei der „Fusion" von Wertpapierbörsen, ZBB 2001, 84 ff.

–, Rechtsnatur der Börsenbedingungen und Zuständigkeit für die Einführung von Aktien zum Börsenhandel in den Teilbereichen, WM 2007, 1297 ff.

–, Verschmelzung von Börsen?, Der Konzern 2008, 269ff.

–, Anmerkung zu VG Frankfurt, WuB I L 1. § 2 c KWG – 1.08.

–, Analogieverbot beim Acting in Concert, Der Konzern 2009, 18 ff.

–, Beteiligung an Gesellschaften, Beteiligungstransparenz und administrative Anteilseignerkontrolle in Deutschland, The Korean Journal of Securities Law, Vol. 10 No. 2, 2009, S. 471 ff.

–, Börsengang von Börsenorganisationen, Eingrenzung der Einflußnahme aktivistischer Investoren auf den Börsenbetreiber und Vermeidung von Interessenkonflikten, in: H. Hammen (Hrsg.), Interessenkonflikte beim Börsengang von Börsen, Frankfurt am Main 2009, S. 13 ff.

–, Die Bewältigung von Interessenkonflikten beim Börsengang eines deutschen Börsenträgers an die von ihm betriebene Börse, in: H. Hammen (Hrsg.), Interessenkonflikte beim Börsengang von Börsen, Frankfurt am Main 2009, S. 75 ff. (zusammen mit Roger Müller).

–, Gebühren- und Entgeltregelungen für die Teilnahme am elektronischen Börsenhandel, Festschrift für Eberhard Schwark zum 70. Geburtstag, München 2009, S. 389 ff.

–, Regulierung des Erwerbs von Unternehmensbeteiligungen durch Staatsfonds (Sovereign Wealth Funds) oder „Die begehrte Bedrohung", WM 2010, 1 ff.

–, Öffentlichrechtliche Zahlungsansprüche von Börsen – Zur Rechtsfähigkeit der deutschen Börsen, Festschrift für Uwe H. Schneider zum 70. Geburtstag, München 2010, S. 455 ff.

–, Börsen und multilaterale Handelssysteme im Wettbewerb, Frankfurt am Main 2011.

–, Anmerkung zu Hess. VGH, WuB I L 1. § 2 c KWG – 1.11.

–, A responsabilidade do órgão de supervisão do sistema financeiro pela ordem ilegítima de encerramento de atividades, traduzido por Marcelo Boff Lorenzen, REVISTA DE DIREITO PRIVADO, (Brasilien) 2012, S. 287 ff.; die deutsche Fassung kann unter dem Titel „Haftung der Finanzaufsichtsbehörde für rechtswidrige Einstellungsanordnungen" über die Internetseite des Verf. aufgerufen werden: www.recht.uni-giessen.de.

Hennrichs, Joachim, Gewinnabführung und Verlustausgleich im Vertragskonzern – Zur Bedeutung des Jahresabschlusses der Tochtergesellschaft für die Ergebnisermittlung nach §§ 291, 302 AktG, ZHR 174 (2010), S. 683 ff.

Hirschmann, Jörn, Anteilseignerkontrolle im Versicherungsaufsichts- und Kreditwirtschaftsrecht, Karlsruhe 2000.

Hirte, Heribert/von Bülow, Christoph (Hrsg.), Kölner Kommentar zum WpÜG mit AngebVO und §§ 327a - 327f AktG, 2. Auflage, Köln 2010.

Hoger, Andreas, Bankenaufsicht in der EU im Wandel, WM 2007, 1053 ff.

Hommelhoff, Peter, Eigenkapital-Ersatz im Konzern und in Beteiligungsverhältnissen, WM 1984, 1105 ff.

Hopt, Klaus J./Rudolph, Bernd/Baum, Harald (Hrsg.), Börsenreform: Eine ökonomische, rechtsvergleichende und rechtspolitische Untersuchung, Stuttgart 1997.

Hüffer, Uwe, Aktiengesetz: AktG, 9. Auflage, München 2010.

Kalbhenn, Christopher, EU-Prüfung birgt überschaubare Risiken für die Börsenfusion, Börsen-Zeitung v. 19.10.2011, S. 8.

–, Die Börsenfusion steht auf Messers Schneide, Börsen-Zeitung v. 9.12.2011, S. 8.

Kirchner, Christian, Zur Funktion eines harmonisierten Konzernrechnungslegungsrechts für die Niederlassungsfreiheit in der Europäischen Gemeinschaft – Konsequenzen für die Interpretation von Konzernrechnungslegungsvorschriften, Festschrift für Adolf Moxter zum 65. Geburtstag, Düsseldorf 1994, S. 601 ff.

Kleindiek, Detlef, Eigenkapital im nationalen und internationalen Bilanzrecht: Kapitalabgrenzung nach IFRS und HGB, ZHR 175 (2011), S. 247 ff.

Knack, Hans Joachim/Henneke, Hans-Günter (Hrsg.), VwVfG Verwaltungsverfahrensgesetz, 9. Auflage, Köln 2010.

Kropff, Bruno/Semler, Johannes, Münchener Kommentar zum Aktiengesetz, Band 8, §§ 278 - 328, 2. Auflage, München 2000.

Kopp, Ferdinand O./Ramsauer, Ulrich, Verwaltungsverfahrensgesetz: VwVfG, 10. Auflage, München 2010.

Köndgen, Johannes, Die Aufsichtsbehörde muss einen Entzug der Börsenzulassung prüfen, Frankfurter Allgemeine Zeitung v. 22.8.2000, S. 32.

Köndgen, Johannes/Mues, Jochen, Deutsches Börsenwesen zwischen Staatsauftrag und privatwirtschaftlicher Freiheit, WM 1998, 53 ff.

Kunz, Jens H., Ausgewählte Rechtsprobleme des zentralen Kontrahenten: unter besonderer Berücksichtigung des Clearing-Systems an der Frankfurter Wertpapierbörse, Frankfurt am Main 2009.

Kümpel, Siegfried, Die begrenzte Haftung der Bank bei weitergeleiteten Kundenaufträgen, WM 1996, 1893 ff.

–, Zur Bankenhaftung nach dem neuen Überweisungsrecht, WM 2000, 797 ff.

–, Zur öffentlichrechtlichen Organisation der deutschen Wertpapierbörsen, BKR 2003, 3 ff.

–, Bank- und Kapitalmarktrecht, 3. Auflage, Köln 2004.

Kümpel, Siegfried/Hammen, Horst, Zur Genehmigungsfähigkeit eines geplanten Börsenverbundes, WM 2000, Sonderbeilage 3, S. 3 ff.

–, Börsenrecht: Eine systematische Darstellung, Berlin 2003.

Langen, Eugen/Bunte, Hermann-Josef, Kommentar zum deutschen und europäischen Kartellrecht, Band 2, 11. Auflage, Neuwied 2010.

Lepczyk, Dennis A., Rechtliche Aspekte internationaler Börsenfusionen, Frankfurt am Main 2009.

Lorenz, Oliver, Die Wertpapierbörse und ihr Träger: Ein Beitrag zur Inhaltsbestimmung der Betriebspflicht und zur erwerbswirtschaftlichen Betätigung des Trägers, Frankfurt am Main 2004.

Luz, Günther/Neus, Werner/Scharpf, Paul/Schneider, Peter/Weber, Max (Hrsg.), Kreditwesengesetz: KWG, Kommentar zum KWG inklusive SolvV, LiqV, GroMiKV, MaRisk, Stuttgart 2009.

Maurer, Hartmut, Allgemeines Verwaltungsrecht, 14. Auflage, München 2002.

Mayen, Thomas, Privatisierung öffentlicher Aufgaben: Rechtliche Grenzen und rechtliche Möglichkeiten, DÖV 2001, 110 ff.

–, Verwaltung durch unabhängige Einrichtungen, DÖV 2004, 45 ff.

Merkt, Hanno, Verhandlungen des vierundsechzigsten Deutschen Juristentages, Band 1, Gutachten, Teilgutachten G, Berlin 2002.

–, Börsenfusion: Nach dem Spiel ist vor dem Spiel – Ausgewählte börsenrechtliche Fragen am Beispiel der gescheiterten Fusion der Deutsche Börse mit dem New York Stock Exchange –, Festschrift für Michael Hoffmann-Becking zum 70. Geburtstag, München 2013, S. 793 ff.

Mohr, Daniel, Börsen: Die Gewinne sind hoch, aber die besten Zeiten sind wohl vorbei, Börsen im Fusionsfieber, Frankfurter Allgemeine Zeitung v. 2.12.2011, S. 21.

Mues, Jochen, Die Börse als Unternehmen: Modell einer privatrechtlichen Börsenorganisation, Baden-Baden 1999.

–, Anmerkung zum Börsengesetz nach dem Diskussionsentwurf für das Vierte Finanzmarktförderungsgesetz, ZBB 2001, 353 ff.

Müller, Roger, Kooperationen und Zusammenschlüsse von Börsen als Bewährungsprobe für das Börsenrecht, Der Konzern 2008, 263 ff.

–, Die Bewältigung von Interessenkonflikten beim Börsengang eines deutschen Börsenträgers an die von ihm betriebene Börse, in: H. Hammen (Hrsg.), Interessenkonflikte beim Börsengang von Börsen, Frankfurt am Main 2009, S. 75 ff. (zusammen mit Horst Hammen).

Mußler, Hanne, Aufsicht zeigt Zähne, Frankfurter Allgemeine Zeitung v. 19.4.2011, S. 9

Neubacher, Bernd, BHF-BANK: Das Klima wandelt sich, Börsen-Zeitung v. 19.4.2011, S. 1.

Palandt, Otto (Begr.), Bürgerliches Gesetzbuch: BGB, 72. Auflage, München 2013.

Posch, Dieter, Man hat uns bislang nicht überzeugt, Handelsblatt v. 20.1.2012, S. 38.

Posegga, Volker, Gesellschafts- und aufsichtsrechtliche Aspekte des Zusammenschlusses von Börsen am Beispiel der Verschmelzung der Trägergesellschaften, WM 2002, 2402 ff.

Reinhardt, Wilhelm/Pelster, Annekatrin, Stärkere Kontrolle von ausländischen Investitionen – zu den Änderungen von AWG und AWV, NZG 2009, 441 ff.

Rudolph, Bernd, Viertes Finanzmarktförderungsgesetz – ist der Name Programm?, BB 2002, S. 1036 ff.

–, Eigenkapitalanforderungen in der Bankenregulierung, ZHR 175 (2011), S. 284 ff.

Säcker, Franz Jürgen/Rixecker, Roland/Oetker, Hartmut (Hrsg.), Münchener Kommentar zum Bürgerlichen Gesetzbuch, Band 4, Schuldrecht Besonderer Teil II, §§ 611 – 704, EFZG, TzBfG, KSchG, 6. Auflage, München 2012.

Schäfer, Frank A., Eigenkapital im Bankaufsichtsrecht und Basel III, ZHR 175 (2011), S. 319 ff.

Schäfer, Frank A./Hamann, Uwe, Kapitalmarktgesetze, Band 2, 2. Aufl., Stuttgart, 1. Lfg. 01/2006.

Schmidt, Karsten/Lutter, Marcus, Aktiengesetz: AktG, II. Band, Köln 2008.

Schmidt-Aßmann, Eberhard/Schoch, Friedrich (Hrsg.), Besonderes Verwaltungsrecht, 14. Auflage, Berlin 2008.

Schneider, Uwe H., Patronatserklärungen gegenüber der Allgemeinheit, ZIP 1989, 619 ff.

Schneider, Uwe H./Burgard, Ulrich, Börsenrechtliche Bewertung einer Einbeziehung der Trägergesellschaft der Frankfurter Wertpapierbörse in einen multinationalen Börsenkonzern und die Verlagerung des Handels in Standardwerten an eine andere Börse, WM 2000 Sonderbeilage 3, S. 24 ff.

Schnichels, Dominik, Reichweite der Niederlassungsfreiheit, Baden-Baden 1995.

Scholz, Franz, GmbHG, Kommentar zum GmbH-Gesetz, II. Band, 10. Auflage, Köln 2007.

Schönemann, Frank, Die Organisationsstruktur der Börse: Von der öffentlich-rechtlichen zu einer privatrechtlichen Börsenverfassung, Berlin 2010.

Schüller, Julia/Mitzner, Kurt, Die neuen Eigenkapitalanforderungen für (Rück-)Versicherungsunternehmen nach Solvency II, ZHR 175 (2011), S. 338 ff.

Schuster, Detlev, Konzern- und verfassungsrechtliche Probleme der Privatisierung öffentlicher Unternehmen – dargestellt am Fall der Berliner Wasserbetriebe, Festschrift für Welf Müller zum 65. Geburtstag, München 2011, S. 135 ff.

Schwark, Eberhard, Zur rechtlichen Zulässigkeit der Konzerneingliederung des Trägers der Frankfurter Wertpapierbörse unter eine ausländische Holding und eines blue-chips-Handelssegments in alleiniger Zuständigkeit einer ausländischen Börsenholding, WM 2000, 2517 ff.

Schwark, Eberhard/Zimmer, Daniel, Kapitalmarktrechts-Kommentar, 4. Auflage, München 2010.

Schwarz, Günter Christian, Europäisches Gesellschaftsrecht, Baden-Baden 2000.

Schwennicke, Andreas/Auerbach, Dirk, Kreditwesengesetz (KWG), München 2009.

Spindler, Gerald, Internationale Kapitalmarktangebote und Dienstleistungen im Internet: Öffentlich-rechtliche Regulierung und Kollisionsrecht unter besonderer Berücksichtigung der E-Commerce-Richtlinie, WM 2001, 1689 ff.

Steinbach, Martin, Revolution im Aktienhandel ist neue Herausforderung, Börsen-Zeitung v. 4.6.2011, S. B6.

Stelkens, Paul/Bonk, Heinz Joachim/Sachs, Michael, Verwaltungsverfahrensgesetz: VwVfG, 7. Auflage, München 2008.

Streinz, Rudolf, EUV/AEUV, Vertrag über die Europäische Union und Vertrag über die Arbeitsweise der Europäischen Union, 2. Auflage, München 2012.

Toller, Andreas, Xetra oder NYSE: Ein Handelssystem für alle, Wirtschaftswoche v. 18.2.2011, http://www.wiwo.de/finanzen/boersenfusion-xetra-oder-nyse-ein-handelssystem-fuer-alle-seite-all/5245364-all.html (8.5.2013)

Tusch, Sebastian, Die ausdrückliche "Nichtuntersagung" durch die BaFin im Inhaberkontrollverfahren nach § 2c KWG und § 104 VAG, WM 2013, 633 ff.

Weber-Rey, Daniela/Baltzer, Corinna, Aktuelle Entwicklungen im Versicherungsaufsichtsrecht – Aufsicht über Rückversicherungen und an Versicherungen beteiligte Unternehmen, WM 2006, 205 ff.

Wolf, Christian Ulrich, Schuldrechtliche Verlustdeckungszusagen, zugleich Besprechung BGH v. 8.5.2006 – II ZR 94/05, ZIP 2006, 1199 (Boris Becker/Sprotgate), ZIP 2006, 1885 ff.

Wolfers, Benedikt/Kaufmann, Marcel, Private als Anstaltsträger, DVBl. 2002, 507 ff.

Wolff, Hans J./Bachof, Otto/Stober, Rolf/Kluth, Winfried, Verwaltungsrecht I, 12. Auflage, München 2007.

Wolff, Hans J./Bachof, Otto/Stober, Rolf, Verwaltungsrecht, Band 3, 5. Auflage, München 2004.

–, Verwaltungsrecht, Band 1, 11. Auflage, München 1999.

Wüstemann, Jens/Bischof, Jannis, Eigenkapital im nationalen und internationalen Bilanzrecht: Eine ökonomische Analyse, ZHR 175 (2011), S. 210 ff.

Zöllner, Wolfgang/Noack, Ulrich (Hrsg.), Kölner Kommentar zum Aktiengesetz: Kölner Komm AktG, Band 6: Konzernrecht §§ 15 – 22, 291 – 328 AktG und Meldepflichten nach §§ 21 ff WpHG, SpruchG, 3. Auflage, 2004.

Börsen- und kapitalmarktrechtliche Abhandlungen

Herausgegeben von Horst Hammen

Band 1 Susann Schumann: Die Verbesserung der Eigenkapitalausstattung mittelständischer Unternehmen durch Unternehmensbeteiligungsgesellschaften. Eine Analyse der Entwicklung des Gesetzes über Unternehmensbeteiligungsgesellschaften. 2007.

Band 2 Sonja Granzow: Die Aufsicht über den Handel mit Energiederivaten nach dem Gesetz über das Kreditwesen. 2007.

Band 3 Jens H. Kunz: Ausgewählte Rechtsprobleme des Zentralen Kontrahenten. Unter besonderer Berücksichtigung des Clearing-Systems an der Frankfurter Wertpapierbörse. 2009.

Band 4 Stefan Bressler: Public Private Partnership im Bank- und Börsenrecht durch Beleihung mit einer Anstaltsträgerschaft. 2009.

Band 5 Horst Hammen (Hrsg.): Interessenkonflikte beim Börsengang von Börsen. 2009.

Band 6 Alexander Hofmann: Der Skontroführer an den deutschen Wertpapierbörsen. 2009.

Band 7 Roman Jüngling: Polnisches Börsen- und Kapitalmarktrecht. Interessenkonflikte bei der Selbstnotierung der Warschauer Börse. 2010.

Band 8 Gisella Victoria Villeda: Prävention und Repression von Insiderhandel. 2010.

Band 9 Horst Hammen: Börsen und multilaterale Handelssysteme im Wettbewerb. Eine wirtschaftsrechtliche Analyse. 2011.

Band 10 Karsten Fink: Der Freiverkehr. Die rechtliche Organisation des Handelssegments Freiverkehr an deutschen Börsen. 2013.

Band 11 Simon Reitz: Börsengeschäfte, Übertragung von Wertpapieren und Leistungsstörungen. 2013.

Band 12 Elisabeth Heuser: Mistrades bei Börsengeschäften. 2013.

Band 13 Horst Hammen: Börsenerlaubnis, Anteilseignerkontrolle und Niederlassungsfreiheit bei der Fusion von Börsenorganisationen. Das Projekt Gamma. 2013.

www.peterlang.de

www.ingramcontent.com/pod-product-compliance
Ingram Content Group UK Ltd.
Pitfield, Milton Keynes, MK11 3LW, UK
UKHW021841210426
5322IPUK00022B/400